あなたにとって
一番の幸せに気づく

幸感力

「エヴァの時代」。いまを生きる原動力とは!

株式会社本物研究所 代表取締役社長
ライフカラーカウンセラー認定協会 代表
佐野 浩一

はじめに

私たちは、幸せになるために生まれてきました。

その幸せがどんなカタチやスタイルであろうとも、私たちは等しく幸せになる権利をいただいて生まれてきました。

そして、私たちは、実はもうすでに幸せです。

本書を手にとってくださったあなたも……、幸せです。

ただ、幸せは、ときどき幸せのカタチをしていないことがあります。

もちろんそれは誤解です。

本来、幸せはこういうカタチをしていたにもかかわらず、私たちは違うカタチを幸せだ　と思い込まされてきました。

しかも、幸せは、色メガネをかけていると見えません。

そう、私たちは、知らない間に色メガネをかけていることすら、忘れてしまっていたのです。

だから、そんなメガネはもう外した方ほうがいいですよね。

どうやら、新しい時代が幕を開けたようです。

それは、私たちが、より私たちらしく生きる時代。

「絆の時代」です。

絆、
思いやり、
助け合い、
分かち合い、
結束、
強さ、

勇気、
誇り、
思い、
感謝、
温かさ、
志、
そして……、
愛、
希望、
夢。

これからは、こうした「絆の時代」が始まります。
そして、私たちは、いまを生きています。
でも、もう「いま」だけの生き方はやめた方がいい……。

それは、私たちが経験してきた歴史から、何度も何度も教えてもらってきました。
だから、「いま」を生きた方がいい！
でも、「いま」だけ、「お金」だけ、「自分」だけの生き方は、もうやめた方がいい。
それでは周りを幸せにすることができないと、もう何度も何度も経験してきました。
だから、「いま」を生きた方がいい！　それが、「エヴァの時代」を生きる基本…。
そう思います。

「いま」を生きるとは、「いま」を精一杯感じながら生きること。
「いま」を生きるとは、「いま」を思う存分楽しみながら生きること。
「いま」を生きるとは、「いま」をありったけの感謝で包み込んで生きること。
「いま」を生きるとは、「いま」を誰かのために使って生きること。
「いま」を生きるとは、「いま」を大事な人の未来のために生きること。
こうして生きる私たちの「いま」は、きっと明るい未来につながっていくはずです。

では、「いま」を生きるための原動力って何でしょうか？

それこそが、本書であなたにお伝えする「幸せを感じる力」ではないだろうかと、私は考えています。

花や木々には、水や養分が必要です。

自動車にはガソリンが必要です。

そして、私たちにも燃料が必要です。

その燃料とは、言うまでもなく食べ物や飲み物ですが、どうやら人はそれだけでは生きていけないようです。

もう一つ、心を満たす燃料が必要なのです。

それが、幸せ。

幸せは伝染します。

幸せは増幅します。

自分の心のなかにも、周囲の心のなかにも。

幸せのあかりを点灯できたら、そのあかりは周囲を幸せにするエネルギーとなってくれます。

幸せとは、そんなものではないでしょうか？

しかし、私たちはその幸せについて、これまで大きな誤解をしてきました。

それも、ずいぶん長い間です。

たくさんあれば、幸せ。

自分だけがあれば、幸せ。

もっともっとあれば、もっと幸せ。

優れていたら、幸せ。

上にたどり着けたら、幸せ。

誰かに勝ったら、幸せ……。


これらは、他人と比べる幸せ感です。

これから創り上げていく「絆の時代」には、それでは自分はおろか誰もが幸せになれないことを、もう私たちの多くが気づいています。

これから未来へ向けてバトンをリレーしていく私たち大人は、幸せな大人である必要があります。それが、子どもたちへの最大のプレゼントとなります。

大人が幸せだと、子どもたちも幸せです。

大人が元気だと、子どもたちも元気です。
大人が笑うと、子どもたちも笑います。
だから、私たちは、幸せな大人でありたいと思います。
幸せな大人になって、その背中を見つめる子どもたちに幸せをリレーしましょう！
子どもたちを、幸せのあかりで照らしましょう！
未来を、幸せのあかりで照らしましょう！

そのために、まずは、あなたが幸せに気づくことです。

佐野浩一

あなたにとって一番の幸せに気づく 幸感力——目次

2章　自分の中の幸せを探す

1章

幸感力を身につけ幸せ人になる

「幸感力」は幸せを感じる力！

幸感力（こうかんりょく）。

私が勝手につくった言葉です。

要するに、幸せを感じる力。

知能指数がＩＱなら、これはＨＱとでも言えるでしょうか。

実は、これまでにも、多くの方たちが、この〝幸せを感じる力〟について触れてこられました。でも、不思議なことに、こんなにたくさんの方が気づき、指摘されているのにもかかわらず、〝固有名詞〟がなかったのです。だから、私は多くの人の心の中に、「幸せを感じる力」がドカッと座り、明確に育まれてこなかったのではないかと考えています。

だから、私が名前をつけました。

我ながら、よいネーミングだと思います。

さて、その「幸感力」について。

「しあわせはいつも　じぶんのこころがきめる」

これは、あの相田みつをさんの名言です。

幸せは、まさに心の状態と言えるように思います。


一方、「幸せは偶然のものでなく、選択である。」という言葉もあります。

これは、コカ・コーラ、ＩＢＭのコンサルタントとしても活躍し、起業家、能力開発の権威でもあるアメリカ人のジム・ローンという人の名言です。

一般的に言いますと、何かよくない（と捉えている）ことが起きると、「悲しみにひたる人」と、「それをどうやって解決しようかと考える人」に分けられると思われます。この違いは、想像以上に人生に大きな異なりを生んでしまいます。

どんなことが起きたとしても、どのように「考え」、どのように「行動」するかで、人生は大きく変わります。

そのように捉えなおすと、幸せとは、結局「考え方の選択」と考えてよいのではないかと思うのです。

日本の経営の神様というと私の師匠である船井幸雄ですが、その船井は次のように言っています。

「自分の周りに起こることは、すべて必然、必要。だから、ベストにしないといけない」と……。

しかも、「どのようなことが起きても、まずは受け止め、受け入れ、感謝すると、正しく生きることができる」と言うのです。そうすると、人よりも多くを学ぶことができ、人生が豊かになると……。

そう……、どんなことが起きようと、「そこから何が学べるのだろうか？」と、自らの意識と発想を転換できるかどうかで、人生そのものにどれだけ光を当てることができるかが変わってくるということです。

このように、考え方を、肯定的に選択することは、可能……、なんです。

さらに、そうして選択した考えをベースにして、どう対処するか？

つまり、「行動の選択」自体も、肯定的に行うことが可能なのです。

このように考えると、私たちの人生とは、「何が起こるか」ということでなく、起こった事柄に対してどのような意味づけを行うか、つまり「何を、どのように選択するか」にかかっているといっても、過言ではありません。

幸せな考え方を、選択する練習をすることで、幸せは外側からはもちろん、自身の内側からも湧き上がるように、溢れ出てくるようになります。

このように見てくると、幸せであるか否かは、結局〝その人の心〟が決めていることに気づくようになります。ですから、幸せだと感じていれば幸せ、そう感じていなければ不幸せ。

結局、そういうことなんです。

ここで、あえてお聞きしてみます。

「あなたは、幸せですか？」

「はい！」とお答えになられたあなた！　とても素敵だと思います。

あえてお伝えするならば、そのことを前提に、もっと幸せを感じるレベルを上げていただくことは、これからまだまだ可能だと思います。そう……、「幸感力」を高めていけば、もっと幸せを感じることができるはずです。

「いいえ！」とお答えになられたあなた！　あえて申しますが、「本当にそうなのでしょうか？」

もしかしたら、幸せを感じる瞬間を見落としていらっしゃるだけかもしれませんよ。

「えっ、そんなわけないじゃないか！　こんなに大変なことばかりなのに、幸せなんて感じるわけがないじゃないか！」

いえいえ、幸せはあなたの周りのあちらこちらに散りばめられているはずです。「幸感力」を磨いて、高めていけば、もっともっと幸せを感じることができるはずです。

私は、誰もが幸せになる権利をもって生かされていると思います。

そのことを忘れてしまっては、もったいないと思います。

ホントは幸せなのに、心のセンサーが幸せを感じていなかったとすれば……。

もったいないですよ。

でも、習慣はなかなか変えることができません。

そこで、「別の視点」から自分や自分の環境を見つめなおしてみることをオススメします。「本来、幸せである自分自身」に気づくことができるかもしれません。

いま、「自分は幸せか？」と自問自答した際、ちょっとやってみていただきたいことがあるのです。

自分自身が辛かったことや嬉しかったこと、悲しかったこと、楽しかったことを、あれこれ思い出していただきたいのです。そして、それぞれの感情に、過去のいくつもの体験を紐づけしてみてください。とにかく、できるだけ、たくさんお願いします。

そうすると、一つ見えてくること、気づくことがありませんか？。

それは、「いま、そうして自分自身が、〝ここに〟存在する」ということ。

そうすると、きっとその〝存在〟に対する幸せ感が湧き上がってくるはずです。

幸せを感じる対象やその尺度も人それぞれですが、たとえば自分という「存在そのもの」を見つめたとき、少なくとも「幸せだ」と感じることができるのではないかと思えてなりません。

そんなことを考えていると、かつてデカルトが言ったという「我思う故に我あり」という言葉がアタマに浮かびました。

これぞ、まさしく幸感力のベースとなる思考の原点です。

「子ども力」を育てれば幸せがふえる！

「パパ！　ゴーカイジャーの変身のしかた、教えてあげようか！」

本人は真剣な顔つきで、変身ツールを振りかざし、変身ポーズをとります。

「ほら、すごいでしょ。パパも変身してごらん！」

5歳になったばかりの次男が、ニコニコして私の顔を覗き込んでいます。

（そういえば、自分も何度〝変身〟したかわからないな……。）

この天真爛漫さを見ていると、思わず変身につきあいたくなってきます。あんなにも幸せそうな顔をしているわけですから。

「変身！　ゴーカイジャー！」

やはりこのときも、変身はできません……でした。

しかし、彼は私に幸せモードを伝染させてしまったのです。子どもと一緒にいると、こうして童心にかえらせてくれる場面がいっぱいあります。しかも、こうした無邪気さや天真爛漫さが生むエネルギーって、とてつもなく大きなものだって気づかされます。

「大人だから」とか、「世間的に」とか、「大人げないから」とかいう理由が無意識に働いて、私たちは幸せ気分になれる場面をやり過ごしてしまっていることが多いのです。

これは、とてももったいないないですね。


そう……、「子ども力」は「幸感力」を伸ばしてくれる強い武器となるのです。

そこで、「子ども力」というと、パッと思いつくのが、松岡修三さん。

松岡さんというと、いまでは熱さの代名詞となられているようですが、かつては超マジメで、メチャクチャ強いテニス選手だったのです。男子テニスの世界ランキングで、何と日本人選手最高位記録を持っていらっしゃいます。その記録は、「世界46位」。元テニス指導者として言わせていただきますと、男子で世界二ケタ順位というのは、とてつもなくスゴイことなんです。いまをときめくあの錦織《にしこり》圭選手でも世界47位（2011年10月3日現在）で、その次の日本選手というと、もう100位前後ということになってしまうくらいですから。

ところで、この松岡さんの子ども力は、ハンパじゃありません。

真剣なのか、ふざけているのか、まったくわからないくらい、いつも〝真剣〟です。テレビに映る彼の姿は、きっと多くの人に笑顔（ときには苦笑も？）を与えているのだろうなって思います。ぜひ一度、ご覧になっていただきたいのです。

「この人は幸せなんだろうな…」って、すぐにそう感じられるはずです。一緒に出演されている他のタレントさんたちは、「大人」ですから、最初は彼のはしゃぎ様に戸惑っていらっしゃいます。それを尻目に、彼は真正面から、「笑顔でいきましょうよ！」って言えてしまうのは、もうスゴイとしかいいようがありません。結局は、彼のメチャクチャ子どもっぽく、ハンパじゃないくらいに高いテンションに引きつられてしまうのです。

ともかく、松岡さんのスゴイところは、笑顔と真剣さです。

目の前のことに集中し、とことん楽しんでしまうこと。

これを引き出すのが、笑顔。

目の前のことに集中し、とことん情熱を傾けること。

これを引き出すのが、真剣さ。

大人ですから、まったくの「無心」とまではいかないでしょうが、あれはきっと〝演技〟を超えていると、私は思っています。

さらに、松岡さんから学べるのは、「ツキの法則」です。

筑波大学名誉教授である村上和雄先生は、「笑う」ことが〝ツキ〟のスイッチとなると論じていらっしゃいます。ついていなかったり、マイナス発想ばかりしている状態のときは、無意識にマイナスの言葉を選んで口にしていることが多いのです。つまり、いま以上にもっとつかない状態にするスイッチを入れているようなものです。テレビに映る松岡さんからは、そんなマイナスのスイッチはどこにも見当たりません。ご本人には失礼ですが、もう〝子どもそのもの〟といってよいでしょう。

そんな姿を見て、本当は、多くの人がうらやましく思っているはずです。

いかがですか？

ズバリ、言い当ててしまったでしょう？

何といっても、楽しそうですからね……。

あんなに楽しそうにしているので、心のどこかでやきもちを焼いてしまっているのです。やっぱり、自分の心にはウソをついてはいけません！

そういえば、つい最近、まるでジャングルのような道なき道を、高校生の長男のほか大の大人6人でハイキング？　する機会がありました。普通では想定できないシチュエーションですが、そのいきさつはここではちょっと横に置いておきますね。

しばらく道を進んだところで、ふいに下の方から水の流れる音が耳に入ってきたのです。

そこは、草木が茂っているものの、ちょっとした崖のようになっていました。

そのときです。

同行していた一人の男性が、「ちょっと、見てきます！」って言って、木の根っこや大きめの草を頼りに、そこから下に降りはじめたのです。しかも、ニコニコしながら。

草木で姿が見えなくなりました。

10メートルほどの高さとはいえ、やはりちょっとコワイものです……。

「小川がありますよ！　小さな魚も泳いでいます。ホントに気持ちのいい水です！」

そこで、遅まきながら、私の「子ども力」にスイッチが入りました。

楽しかったこと……。

やってみてよかったです。子ども力を忘れていた自分に気づきました。

お酒をたくさん飲んで、タガが外れて、我を忘れてしまうのと、これは大きな違いがあります。なんと、気持ちがよく、清々しいことでしょう。

子ども力を発揮すると、そんな懐かしい気持ちを思い出せます。

子ども力は、幸感力の基礎となるひとつの力です。

肩の力を抜いて、素直になって、いい格好をしないで、競争しないで、心を開いて、目の前のことをどうやって楽しむかを感じて、そのことに集中したら誰もが持てる……、いや、誰もが取り戻せるもの。しかめっ面をしていないで、童心にかえってみませんか！

幸せ＆喜びリストをつくる！

私は普段、経営者という役割を担っています。別の観点から見ると、商人です。

経営者もしくは商人として、ズバリ言って、お金が儲かるのはとてもうれしいことです。そして、その結果、会社やお店が成長するのも、とってもうれしいことです。

でも、もっとうれしいことがあるはずです。

それは、「お客様が喜んでくださること」。

自分の大事な人がうれしい顔をしていたり、喜んでいると自分もうれしくなりますよね。ですから、お客様のうれしい顔、喜んでいらっしゃる顔を見ると、うれしくなるわけです。それにお金までいただける……。

これが商いの本質だと、私は考えています。

人が本来持つ「人の喜び＝自分の喜び」という感性は、身近な家族や友人たちに対してだけでなく、仕事をとおして、お客様からも育てられます。そうして得た幸感力は、商人としての力となり得ます。

教員生活にピリオドを打ち、船井総合研究所で再スタートを切ったとき、はじめに仕事の何たるかを情熱的に教えてくださったのは、宮内亭さんでした。

「売ることは、生きることや！」

宮内さんの口グセでした。

はじめは、意味がよくわかりませんでした。

でも、私は経営者になってはじめて、その言葉の意味を理解できるようになりました。

余談になりますが、そういう意味で、私は経営者になってよかったと心底思っています。そうでなければ、宮内さんの哲学を一生理解できず、楽しいことの一つをやり過ごすことになっていたかもしれないからです。

宮内さんの言葉にいろんなものを当てはめてみると、芋づる式に、新しいことがわかってきました。

「売る力は、生きる力。」

「売る喜びは、生きる喜び。」

なるほど……、宮内さんにとって、喜びリストの一番は、「売ること」だったわけです。

だから、仕事には思いっきり厳しいですが、思いっきり楽しんでいらっしゃいました。

あなたの幸せ一番はなんですか？

あなたの喜び一番はなんですか？

私たちが生まれてきた人生の目的は、「幸せになる」ことではないでしょうか。人は、楽しいとき〝気〟が高まり、自分らしさを余すことなく表現できるのです。ならば、自分の喜びの源泉となること、充足感を得られることを「自覚」する必要があります。その自覚力が高まれば、私たちは一歩も二歩も幸せに近づいていけるように思えてならないのです。

ここでは、あえて仕事の側面からアプローチしてみましたが、もちろん仕事でなくて、プライベートや趣味のことでもよいのです。シンプルに、「好きだな」「やっていて楽しいな」「打ち込めるな」って思える何かでよいのです。日常や人生に深い喜びや充足感をもたらすものを、できる限り多くイメージできると理想的です。そして、できればそれらを書きとめておかれることをオススメします。

一つでも多いほうがいいですよ！

それだけ、幸せを大きく感じ、膨らませることができる材料がたくさんあるということですから。そして、そうやって書かれた「幸せ&喜びリスト」を、これからはことあるごとに見返してみていただきたいのです。

苦しいな……、しんどいな……って思うことがあったら、そのリストに書いたことを実行してみてください。

じわっと幸感力もアップします！

それでは、どうぞ次のページにあるリストに、一度書いてみましょうか。できれば、手帳とか日記帳とか、保存性の高いものに書かれるとなおいいです。

幸せ＆喜びリスト

-
-
-
-
-
-
-
-
-
-
-
-

さて、いかがでしたか？

いくつくらい書けましたか？

ちなみに、私は……、結構たくさん書きましたよ。

人に喜んでもらうこと、文章を書くこと、本を読むこと、何かを学ぶこと、コーヒーを飲むこと、お香やアロマを楽しむこと、チームプレーで何かをつくりあげること、おいしいものを食べたり、おいしいお酒を飲むこと、ゆっくり寝ること、健康になっていく自分を自覚できること、家族とゆっくりすること、自分の時間をとれること、未来に向けてプランを練ること、新しいことに挑戦すること、講演・イベントを運営すること、思索にふけること……。

ざっと、こんな感じです。

私の場合、これらのことをやっているときに幸せや喜び、充足感を感じているわけですから、できるだけ日常的にこのリストにあがった事柄を実践するとよいと考えています。

そうそう、せっかく書いたのに、「忙しくて、書いたことを実践している暇がない！」という方もいらっしゃるでしょう。

だいじょうぶです！

そのリストにある楽しいことや幸せな気分になれることをイメージするだけでもオッケーなのです。心は確実によい方向に変化します。大事なのは、心を幸感力モードに入れてあげることなのです。

ぜひ、お試しあれ!!

あなたはもっと自由になれる！

本来、私たちは自由なのに、ぜんぜん自由でなくなっている自分に気づかれたことはありませんか？

私も決して偉そうなことは言えないのですが、案外、自分自身で自由への道を閉ざしてしまっていることがあります。

「こうでなければならない。」

「このようにあるべきだ。」

「こう見られていなければならない。」

「このようにしなければならない。」など、など。

私たちは、知らない間に自分の意志とは関係なく、自分を不自由にしてしまっていることが多くあるようです。こういう視点で自分を見つめ直してみますと、自分自身の夢にさえ限りをつけてしまっていることや、本来楽しめるはずなのに、ほとんど何も楽しめていない自分を発見してしまったりして愕然としてしまうのです。

ちなみに、会社での同僚との会話などで、ちょっと意識して、「〜ねばならない」「〜するべきだ」という表現を使う回数を数えてみられるといいです。

ちょっと不謹慎ですが、何かの会議や打合せの際に、どなたかの発言にフォーカスして、一度カウントしてみてください。

本当にびっくりしますから。

以前、あるスタッフとのせいぜい5分くらいのやりとりのなかで、内緒で数えていたことがありました。

何と、17回！　たった5分で、しかも互いのやりとりがあって、17回ですよ！

私たちは、実はこんなにも何かにしばられているのです。

ここで、あなたのなかの「〜しなければならない」「〜でなければならない」を、一度書き留めてみたいと思います。あなた自身のなかにあるこだわりや囚われと考えていただいて結構です。どうぞ！（次のページのリストをお使いください）

こだわり＆囚われリスト

-
-
-
-
-
-
-
-
-
-
-
-

いかがでしたか？

案外たくさんあったと思われませんか？


ここで一つ提案があります。

「～しなければならない」という表現を消して、「～すると楽しい」「～すると幸せ」に書き直してみましょう。

そして、書き直したものを、よく読み返してから捨ててしまいましょう。これで、メンタル的にはリセットです。

どうしても捨てたくない人は、逆にことあるごとにながめるようにされてもいいでしょう。いずれにせよ、リセットをかけることが大事なのです。


ところで、ほかにも同じような心の状態をつくってしまう言葉があります。

「がんばる」

一体、私たちはどれほどこの言葉を使ってきたことでしょう。

「がんばる」のはよいことで、「がんばらない」のはよくないこと!?

いつしか、勝手にそう決めてしまっています。

そして、周囲の認識もそうなっています。


いざ、「がんばらない」と意志表示してしまうと、何やら大いに批判を浴びてしまうようで、少々コワイですよね……。でも、「がんばる」からストレスをためてしまうことになり、本来出せるはずの成果を出せないという事実だってあるのです。

これは、聖泉大学教授の豊田一成先生によれば、「努力逆転の法則」と呼ぶのだそうです。がんばればがんばるほど、成果がついてこない…。

これでは、本末転倒です。

「がんばる」と必ずつきまとうのが、先ほどの「～しなければならない」という発想や言葉遣い。これって、結局どんどん自分の首を絞めてしまいます。

プロゴルフの石川遼クンやフィギュアスケートの浅田真央チャンなどをはじめとして、最近の若手アスリートたちがよく使うのは、「楽しむ」という表現。とても参考になります。この「楽しむ」という言葉の定義を、「真剣に、本気で、結果を恐れず、思いきって、リラックスして、ワクワクしながら、自分らしく取り組む」という意味だとお伝えすると腑に落ちるでしょうか？

楽しめると、たとえ「がんばった」としてもムダなストレスを貯めずに済むようです。たとえ、少々貯めてしまったとしても、最少限ですみます。

その結果、感情レベルで足を引っ張るものが限りなく少なくなるわけで、私たちの〝幸感力〟をもぐんぐん高めていってくれそうです。

「がんばる」と「楽しむ」と「自由」の不思議な関係。

できるだけ、心を自由に開放してあげたいものです。

イメージの力！

「一生懸命」という言葉から、どんなイメージが伝わってきますか？

真剣、熱意、パワー、エネルギー、誠実さ、真面目さ、成果……、いろんな言葉や概念が浮かんできますね。

しかし……、どうも心も体も〝力んで〟しまっている状態が浮かんでくるんですよね。

思えば、私も「力が入って」いました。

それも、思いっきり。心も体もガチガチでした……。

しかし、それで万事うまくいったかというと、もちろんそうではなく、ときに体や心に大きなダメージを受けてしまうことも少なくなかったように思います。これが実は、世の常だと言えそうです。

「可必《かひつ》」（＝必ずしもそうなるとは限らない）という言葉をご存知でしょうか？

鎌倉時代の禅僧である道元禅師の教えのなかにある考え方です。

実は私、メンタルタフネスの世界は、近年生まれたものと思いこんでいました。しかし、いわゆる宗教の世界では、もうずっと昔から、「生き方」「あり方」「考え方」を説いてくださっていたわけなんですよね。

ちょっとすごいなって思いました。


さて、その「可必思考」について。

自分が守るべき場所に土台を築き、そのうえで「世の中には報われないこともある。それでも日々の努力を怠らず精進しよう」と考えることなのだそうです。

しかも、道元禅師は、それこそが一生懸命に生きることだと説いていらっしゃるのです。

「がんばる」と悲壮感に苛まれそうになることがありませんか？　そんなとき、肩の力を抜き、「可必」思考をしたいものだと痛感したのです。

何かマイナスイメージが湧き上がったとき、意識して立ち止まって、「必ずしも、そうなるとは限らないよ！」って思ってみませんか？

「思う」だけです。

カンタンですよね。

少しずつ、力が抜けてきますよ。きっと。

そうすると、本当に「力を入れなければならない〝とき〟や〝こと〟」が見えてきたりするようです。


思うこと、イメージすることって、案外大事なんです。

逆に「思いもしない」「イメージすらもできない」ことが、その人のスタンダードになり得るかというと、それはきっとむずかしいでしょう。やはり、自分なりに思うこと、イメージすることから始めたいものです。

多くの先達や成功者たちが、口をそろえて、イメージの力のすばらしさについて語っていらっしゃいます。たとえば、何かを手に入れたいとすれば、それを手にした写真を撮り、普段から目にし続けておくだけでもいいようです。いつしか実現していることが多いのだそうですよ。

にもかかわらず、人は一日のほとんどをマイナスイメージにさらされて過ごすそうです。これもまた、オドロキの事実です。

そのマイナスイメージを受けたままにして、次の日に進んでいくと、結局またマイナスイメージに満たされてしまいます。

ちなみに、人間は一日におよそ五千個の事柄を考えているといわれています。少ない人で四千個、神経質な人で六千個、これで平均五千個です。しかし、そのうち約9割はマイナスの事柄なのだそうです。プラス思考の習慣がない人や、意識していない人は、水が低いところに流れるがごとく、すぐに不安や心配といったマイナスのことを考えてしまうのです。これでは幸感力はアップしません。

そこで、もう一つご提案したいのが、「つぶやき」です。

夢や目標などプラスの事柄を口に出してつぶやくことで、マイナスに引っ張られがちなクセを矯正していきます。鏡に向かってブツブツ……。自分で確認し、意識を強めるためにも一番の方法です。これは、テレビ画面によく登場するトップアスリートたちもよく使っている手法です。私もよく使います。

「できる、できる！」

「だいじょうぶ！」

「僕はきっと、〜を達成する！」

「私は、将来〜になる」


ざっと、こんな感じです。

つぶやくだけで、幸感力がグンとアップする魔法のような方法です。

「笑い」を意識してください！

欧米人は、笑顔が得意です。

もちろんこれは一般論で、なかにはムスッとした人もいるにはいます。

それでも、一般的な日本人に比べると、笑ったとき、いい笑顔だなって思います。

それが、彼らの習慣であるとも言えます。

何がもっとも違うかというと、「相手の目を見る」ことです。いかんせん、日本人にはこの習慣が育まれてきませんでした。いわゆる、恥の文化というのでしょうか。

そろそろ、そうした過去の呪縛から、私たちは解放されてもいいのではないかと思います。時代はどんどん進んでいるのですから。

「相手の目を見て、ニコッと笑う」と、そうでないよりははるかに好印象ですし、相手の心を和らげたり、気持ちよくさせたりすることにもつながります。

笑顔と幸せ、笑顔と成功は、密接な関係があると言ってもよいのかもしれません。

実は、笑顔で売上げが上がることを、広く実践されている方もいらっしゃいます。


笑顔アメニティ研究所代表の門川義彦さんです。門川さんは、「どんどん儲かる『笑顔』のしくみ」（ダイヤモンド社刊）において、笑顔で接客することを推進した結果、見事に売上が上がった事例を豊富に紹介されています。さらに、素敵な笑顔を実践するためには、様々な条件整備が必要であり、小手先では最高の笑顔はつくれないことについても、丁寧に論じていらっしゃいます。でも、少なくとも、笑顔の実践が、その周辺にある様々な事を同時に良い方向に導いてくれることに、容易に気づかせていただけます。


その結果、〝売れる〟のです。

売れると、さらに笑顔が増えます。

そして、笑顔力がつきます。

笑顔は、同時に私たちの免疫力を高めてくれることも、筑波大学名誉教授の村上和雄先生は科学的に立証されています。

そう……、まさに身心一如（身体と心は一つの如し）。

笑顔は、私たちの健康にも大きく関与しているようです。そして、笑顔力を高めることで、免疫力が高まり、元気になり、周囲にも気持ちのよい場を用意することができるなら、まさに幸感力もグンとアップするものと考えられます。

そこで、笑顔と笑いの関係について考えてみたいと思います。

たとえば、人が集うと、そこには話のタネ、つまり話題が生まれますよね。

その話題を突き詰めていくと、おおよそ二つの方向があることに気づきます。

その一つは、誰かの悪口や世相を嘆いたりする、マイナス方向で、批判的、批評的な話題。

もう一つは、誰かをほめたり、楽しい経験を共有したりする、プラス方向で、共感的、前向きな話題。

実はその二つの割合で、その集団の状況や様子がカンタンにわかってしまいます。

居酒屋をイメージされるとわかりやすいです。

二つの集団があります。

どちらもメチャクチャ盛り上がっています。

一見、大きな笑い声が聞こえ、笑顔にあふれ、どちらも楽しそうです。


しかし、じっくり観察していますと、「笑い」はあるのですが、「笑顔」に違いが出ていることに気づきます。前者のグループは、笑顔でも、なぜか少し眉間にしわが寄っています。笑っているのに、なぜか下向き加減なのです。

そりゃそうです。

心のどこかに後ろめたさがあるのですから、これはよくありません。もしかしたら、二日酔いもひどいかも……。

同じ居酒屋での「笑い」でも、話題によって、笑顔の質が変わってしまう……。

そういうことです。


よい笑顔をつくるためには、よい話題、よい人間関係が必要。

その逆に、よい笑顔は、よい話題、よい人間関係を生むこともまた正しいと考えられますよね！

「笑い」については、先述した村上和雄先生をはじめ著名な先生方がその効用について論じていらっしゃいます。それだけ、「笑い」は人を幸せにするキーワードを多く含んでいるからです。

たとえば、笑ったり、嬉しい、楽しい、幸せ、愛してる、大好き、ありがとう、ついてる……という言葉を使ったり、行動で表現したりすると、脳の中ではベータエンドルフィンという快楽物質が分泌されます。

そのベータエンドルフィンは、健康にしてくれる三つの作用を持っています。

①免疫作用を強化する。

②血液をサラサラにしてくれます。（血圧が下がります。）

③脳の中でつくられたベータエンドルフィンが脳の痛み中枢に働きかけて、痛みを麻痺させてしまいます。（これを脳内モルヒネというんですね。）

いかがですか⁉

おもしろいでしょう？

ぜひ、笑いを意識してみてください。


とにかく、笑ってみましょう！

声を出して笑ってみましょう。

そのためには、話題や考え方を明るくすることですが、笑っていると自然とそうなってきます。相乗効果が生まれるのです。


笑顔と笑い声。

これが、充満しているところは、幸感力にあふれています。

そうした「幸感力スポット」は、あなたのまわりにもきっとあるはずです。

そして、会社であれば、組織もチームも事務所も、「幸感力スポット」に変えていきませんか！

もちろん、家族や仲間ともそうでありたいですよね！

びっくりするぐらい、超・素直です！

サムシンググレート。

何か大きな存在。

大いなる意思。


私たちが生を受けたこの地球やその地球を取り巻く宇宙には、何やら大いなる意志が働いているようです。

サムシンググレートの手のひらの上にいるという感じ……でしょうか。

だから、それに飲み込まれまいと自分で勝手にもがくよりは、その大いなる力に身を委ねて、包み込まれてしまった方がうまくいくのではないかと思うことがあります。

いっそその方が、幸せじゃないかと思ったりします。

このように思えるようになったのは、師匠である船井幸雄と出会い、その船井の考え方に触れ、一つずつ、少しずつ反芻して理解しようとしてきたからかもしれません。いわゆる「船井流」というのは、上手に生き、上手に仕事をし、上手に経営する指針と考えていただいてよいと思います。

ちなみに、船井幸雄が論じる人生&経営哲学のなかで、私に大きく影響を与えたもののいくつかをあげてみます。

素直・勉強好き・プラス発想。
あるがまま、なるがまま。
できるだけこだわりを捨てる。
すべてのことは、必然、必要。

これらを並べてみますと、やはり、まずどんなことでも、一度は受け止めてみる必要があるんだなって、つくづく気づかされませんか！

自分にとってはあまりありがたくないことでも、また自分自身では納得がいかないことでも、「〜って、そんなもんなんだ」って、そんな調子で、そのまま受け止めてしまうといいようですね。

私流に名前をつけるとすれば、「前向きなあきらめ力」という感じでしょうか。

これは日常生活の一場面にも、大いに役立ちます。

たとえば、思春期の子どもと親の関係。

親の思うように、なかなか子どもは動いてくれなかったりしますよね。

そんなとき、「子どもって、そんなもんなんだ」って、いっそ全面肯定して、受け止めてしまうんです。

実は、いま私も練習中です。

なかなかむずかしいです。

うまくいかないこともあります。

でも、こうすることで、「どうして〜してくれないんだ！」という怒りや落胆のエネルギーが不思議と出てこなくなります。

〝あきらめ〟とはちょっと違うこの感覚。

結構いろんな出来事を受け入れるのに役立つと思います。


会社での、上司と部下の関係。

思わぬクレームやお叱りにあったとき。

どうしても周囲と意見が合わないとき。

いろんな場面で、役立てられますよね！

一方、異なった視点から見てみますと、「超・素直力」であるとも言えます。

あなたの周りに、次のような方がいらっしゃいませんか？

きっといらっしゃるはずです。


本当に素直。

びっくりするくらい、超・素直です。

何事も、スゥーッと、真正面から、そのままに、感謝して、しかも納得して、いろんなことを受け止めようとします。物事の見方もきわめて真っすぐです。決して、否定的に見ないし、受け止めません。だから、社内（仲間内、家族内）でも、いつもニコニコして、周囲を癒してくれています。おそらく、そんな生き方をしているから、肩の力も抜けているし、幸せを感じる力も強いのでしょう。

こういうタイプ。

そう、必ずいるんですよ、身近に！

ちょっとその方を観察してみてください。

幸せそうでしょう⁉

もしかしたら、それはあなたご自身かもしれませんね。

全面肯定。

「すべてを、そのままに、まず受け止める」こと。

否定するより、批判するより、肩肘張るより、マイナスの思いを持つより、実はよっぽど楽なことなのではないかと、最近思います。

否定すると、エネルギーを大量消費するようです。

反対しても、エネルギーを大量消費するようです。
人は、マイナスのエネルギーでは、成長できないようです。
私もチャレンジしています。何度も、何度も。ですから、まだ〝仮免〟です。
そのうち、きっと意識しないでもできるようになるんだろうなって思いつつ。

斉藤一人さんは、いつも次のようにおっしゃるのだそうです。
「そうなんだ。わかるよ……。」
肯定も否定もしていません。
ただ、「わかる」と言っているだけ。とても参考になります。
ぜひ、「受け止めて」みましょう。
そこから感じる「幸せ感」は、また違った世界を私たちに見せてくれます。

感動というアンテナを立てよう！

ここでは、心を動かす練習をしてみましょう！

心を動かすこと。心を揺さぶられることを、「感動」といいます。心が動き、揺さぶられたときの「一歩」は、とてつもなく大きな一歩となります。

しかしながら、その「感動」のスイッチをオフにしていらっしゃる人が、どれだけ多いことでしょうか……!?

たとえば、いくらおもしろい漫才を見ても、「笑う」「楽しむ」というスイッチを切っていては、笑えないし、楽しめません。さらには、案外幸せを「感じる」スイッチすら切ったままの人、もしくはその感度を低めに設定している人も多いように思えるのです。

あなたは、いかがでしょうか？

幸せを感じるためには、「感動」というアンテナを立てる必要があります。

アンテナさえ立てていれば、〝受信〟できます。

そのために、少しだけ日常から離れてみる、または非日常を演出してみるとよいと思います。


いつもと違う道で出社する。

一つ手前の駅で降りて、歩いてみる。

自分へのちょっとしたプレゼントを用意する。

友人に手書きの手紙を書く。

服装や髪形をマイナーチェンジする……など、など。

自分自身の日常の中に、ちょっとした変化を起こすことが、幸せの受信力を高めてくれます。

日常生活の中に、ちょっとした変化を起こしてみましょう！

そのために……、

普段見ない角度から、見つめてみる。

普段見ない高さから、見つめてみる。

普段やらない方法で、いつも行うことをやってみる。

目を凝らして見たことがないものを、目を凝らして見つめてみる。

耳を澄まして聴いたことのない音を、耳を澄まして聴いてみる。

手にしたことのないものを、じっくり手にとって見つめてみる。


こんなことを、ときどきやっているうちに、自分のなかにちょっとした変化が生まれてくることに気づかれることでしょう。

変化こそ感動の種となります。

「いつも同じ……」からは、感動など生まれるすべがないのです。

変化から小さな感動の種が生まれてきたら、今度はその心の振幅を大きくしていきたいですね。心の振幅が大きければ大きいほど、心に刻まれていくヒダは大きく、深くなっていきます。

感動できる対象を探しませんか！

感動できることを見つけるクセづけをしませんか！

それは、テレビのドラマだってかまわないと思います。

もちろん映画でもオッケーです。

または、誰かを感動させるために一生懸命になってみるのもよし！

感動してもらえたときに、自分が受け取る感動の大きさは、測り知れないものがあります。

こうして、感動のアンテナをいつも立てておくのです。

私の友人である木下春弘さんは、その著書『涙の数だけ大きくなれる』（フォレスト出版）のまえがきで、次のように述べています。


塾の講師というのも、実際には人気商売で、生徒からの支持が給料に直結する厳しい世界です。そのため、講師もテクニックを磨いています。

しかし、生徒たちもテクニックだけではやる気を起こしてくれませんでした。テクニックよりも大事なもの、それは「心を動かす」ことだったのです。

（中略）

人が変わる瞬間というのは、そこに「涙」の存在があります。

感動とともに、あふれた感情は自分を浄化していきます。しかし、多くの人はその感情を押し殺して生きているように思います。

今は苦しくても、どうにもならない状況におかれても、人は何かのきっかけで変わります。そして、そこには必ず美しい涙があります。

人は、涙の数だけ大きくなれる。


木下さんの講演は天下一品です。

私は、彼のことを「感動ソムリエ」と呼んでいます。こんなに短い文章でも、感動が伝わってくると思われませんか？

木下さんの感動スイッチは、いつもオンになっています。

まずは、主体的にちょっとした変化を楽しんでみましょう。そして、「感動」の芽を育んでいきたいですね。ぜひ、意識して変化を楽しんでください。

そして、繰り返しますが、「感動」というアンテナを常に立てていられるようにしましょう。

アンテナさえ立てていれば、〝受信〟できます。

ラジオと一緒です。

空間には、いろんな電波が飛んでいますが、それを受信するためにはやはりスイッチを入れておく必要があります。

そしてチューニング……。

そのとき、「感動」という周波数を選択しておくことです。

自分を知るために一歩踏み出す！

「自分のことは、自分がもっともよく知っている……!?」

これって、正解？

もちろん、正解です！

「自分のことは、案外知らないもの……。」

これもまた、正解ではないでしょうか!?


「もうダメだ。」

「自分にはできない。」

「それをやるだけの能力がない。」

「……。」

本当にそうでしょうか？
そんなふうに決めつけてしまっては、あなたのなかにいる〝自分〟がかわいそうです。
いろんな能力を持つ人がいます。
表面だけを見れば、他人と大きな違いがあるように思えてしまうことがあります。
しかし、あなたには、あなたにしかできないことがあります。
あなたには、人と異なった力が宿っています。
だから、「あなた自身をいかに発見するか……？」。
これが大事なんです。

そのためにやってみたいこと。
あなた自身の長所を、紙いっぱい、ノートいっぱいに書き出してみましょう。
どんなことでもかまいません。
恥ずかしがらなくていいです。
照れなくていいです。
あなた自身のことです。

〝願望〟でもかまいません。

いつか、そうなればいいんです。


あなたの長所の書き出しを行ってみましょう。

とにかく、書けるだけ書いてください。

50個でも100個でも……。

どうぞ、書いてみてください。


弊社では、「夢☆研修」という研修をスタッフ全員に受けてもらっています。

講師は私です。

同じ仕事をするなら、いま目の前にある仕事が、誰かの役に立って、お客様が喜んでくださって、会社の利益につながって、その結果、自分も自信がついて、自分の夢の実現に一歩近づいていくことを確信できたら……、いいと思いませんか?

そのスタートラインに立つために必要なことが、「自分を知る」ということだと考えてください。

実は、名前を変えて、こうした社員研修を、創業時からずっとやってきました。

そしてたどり着いたのが、いまの「夢☆研修」です。

したがって、この長所の書き出しも、もう何回やったかわからないくらいです。

しかし、何度繰り返しても、この時間は素晴らしいものを生んでくれます。

みんな、素敵な笑顔で取り組んでくれます。

やさしい、たのしい、ワクワクする波動に包まれます。

なぜでしょうか？


それは、自分自身を見つけ、愛《め》でる時間だからです。

自分のよさを見つめると、幸感力がグングンとアップするんです。

できたら、書き出したあと、あなたのパートナーや親友や仲間や上司に、あなた自身の長所をインタビューしてみられるとなおいいです。

これで、長所の答え合わせができます。

合致したもの、そうでないもの。

よいも、わるいもありません。

心理学でいう「ジョ・ハリの窓」にあるように、

①自分も、他者も認めているもの
②自分は認めているが、他者は認めていないもの
③自分は認めていないが、他者が認めているもの
④自分も、他者も認めていないもの

の4通りの認識パターンがあります。①にあてはまることは、自信を持っていいでしょう。②は何も考える必要がありません。③と④は、どちらかが認識していないわけでなぜ、そうなのか?」少し考えてみる必要があります。次第に、①に移行していけるよう、意識して自分を見つめて、行動実践してみるといいですね。

こうして、自分を知るために一歩踏み出すと、次に触れる「自己承認」につながっていきます。

自己承認し、自己愛を育む

あなたは、人の成功を心から喜べますか？

ちょっと皮肉っぽくなってしまったり、喜びたいのに喜べない自分を経験したことはありませんか？

私は……、あります。

そんなとき、すごくいやな気分に陥ってしまいます。

ときには、自分を責めてしまったりしてしまいます。

これは、自分のなかの「自己承認」というコップに、どれだけいっぱい水がたまっているかどうかで決まるのだそうです。

自己承認のコップが満たされてはじめて、その外側にある「他人承認」のコップに水が入っていくのだといいます。

そう、自分に自信がないから、喜べなかったのです。

自分を認めていないときは、人を認めることなんてできません。

だから、まず、自分自身の良さを知ることが必要だったのです。そして、自分自身のよさを見つめ、大事にし、育んでいくのです。そうすることで、簡単に言えば、自分を好きになれます。


それは、自分を甘やかすのとは大きく違います。

自分自身を心から癒し、愛し、認めること。そうしてはじめて周囲の人たちを癒し、愛し、認めることができる……。

これは、どうやら子に対する親の姿勢ともまったく同じであるようです。自分の長所を探し、または周りの人から教えてもらうことは、自己承認のコップを満たすために、必要で、必然の方法なのです。

かつてマラソンランナーの有森裕子さんが表彰台に立った後、「自分で自分をほめてあげたい」と語りました。

記憶に残る言葉でしたよね！

「本当によくやった！」という満足感に溢れた言葉でした。

他人からほめられる前に、自分で自分をほめられますか？

他人から叱られる前に、自分で自分を叱れますか？

自分は、自分のなかでは主人公なのですから、自分を甘やかすことなく、自分をいかに愛せるかが大事です。結局、自分自身を愛せることが、幸せな自分への切符なんですね。

そうしてはじめて人は他人を愛し、幸せにすることができるのではないかと思います。

自己承認し、自己愛を育むこと。

その方法はとてもシンプルです。

どんなことがあっても、自分に対して、「（君は）よくやってるよ！」と小さく声をかけてあげましょう。そして、たとえうまくいかないことが生まれても、「思いどおりの結果ではなかったかもしれないけれど、（君の）できる範囲でベストを尽くしたじゃないか！」って、認めてあげてください。

そんなことを繰り返しているうちに、きっとあなたの心が熱くみなぎってきます！

2章

自分の中の幸せを探す

吉田松陰に学ぶ、共・育の教え

人を大事にすると、人が集まってくる……ようです。

では、人が「大事にされている」と感じるときって、どんなときでしょうか？

認められたとき……、ですよね？

人から認められたとき、人は初めて自分を認めることに自信が持てます。

「(自分を) 認めていいんだ」って。


教師を辞めて、株式会社船井総合研究所で再スタートを切った11年前。

ビジネス経験のない私が、経営コンサルタントとして順風満帆にやっていけるわけもありませんでした。

しばらくはほかのコンサルタントの下働きをさせてもらっていました。

取材とか……、テープ起こしとか……、資料作成とか……。

個人予算ももちろんありました。

正直、悩んでいました。自分を否定し始めていました。

新年が明けて、その日は東京出張でした。宿泊先は当時会長であった船井の自宅。

私が戻ってしばらくすると、船井がニコニコしながら帰宅しました。

「佐野くん、仕事を取ってきてやったぞ。研修の仕事や。君は、教育は得意やろ。」

「は……、研修ですか?」

「そうや、研修や。前に話したことがあったやろ。船井流の人財育成を始めるんや。」

「はい、そういえば……。」

「じゃあ、4月からな。よろしく頼むぞ。」

さらに、船井はニコニコしています。

「は……、はい。」

そのときは、そう答えるしかありませんでした。

数ヶ月前に確かにその話を聞いていました。

しかし、あまりに壮大な仕事ゆえ、お茶を濁せるものならそうしたいと、正直そう思っていました。

でも、これでもう逃げられなくなりました。

船井からもらったヒントは、「長所伸展」「プラス発想」「勇気」「至誠・自愛」「自由」という5つのキーワード。それぞれのテーマに「まとめ」を加えて、一週間に26時間（4時間×5日＋土曜日のみ6時間）、それを二ヶ月に一週ずつ6回実施するという研修プログラム。

これだけでした。

早速、仲間を募り、「人財塾プロジェクトチーム」が誕生しました。

しかし、いきなり暗礁に乗り上げます。

「会長、もう少しヒントをいただけませんか？」

「そうやな、吉田松陰を勉強することやな。松陰は人財を育てる名人や。」

そこから、必死に、吉田松陰の勉強を始めました。

山口県萩市にあった松下村塾は、松陰の叔父である玉木文之進が創立し、松本村（松陰の出生地）を中心に、萩周辺の青年たちが塾生として通っていました。資格、身分、学問のあるなしを問わず、入退自由で、時間制限がないというのが特徴でした。松陰は、その松下村塾を安政4年（1857年）から引き継ぎ、投獄されるまでの約1年あまりの間に、約80人余の人財を育て上げました。

いまも歴史に残る優れた人財が名を連ねています。

四天王といわれるのが、久坂玄瑞、高杉晋作、吉田稔磨、入江杉蔵（双璧は、久坂玄瑞と高杉晋作）という人たちです。続いて一参議は木戸孝允と前原一誠の2人で、五大臣が伊藤博文、山形有朋、品川弥次郎、山田顕義、野村靖という顔ぶれです。

では、どのようにしてこのような短期間に多くの人財を輩出することができたのか？

そのひとつは、彼の使命と役割が「人財づくり」にあったということが挙げられます。

彼は9歳の時から教師としての役割を果たしてきました。わずか30年の短い人生の中で、彼は4度も投獄されていますが、投獄中でもすぐに教師となり、自分の学んできた学問や旅によって広めた見聞を語ったり、句会を催すなどして、囚人たちのすさんだ気持ちすらも、あっというまに正しいあり方に変えてしまいました。また、松陰その人が、人の才能や長所を見抜き、それを伸ばしていくことにかけては天才でしたが、悪いことに対してはほとんど指摘しなかったようです。彼の本来の教育手法は、一人ひとりを十分に観察し、その長所を引き出してほめて、その人が持っている才能を磨いていったものだったと言われています。さらに、松下村塾で教えていた当時の彼は、人材登用の必要性を上書し、塾生たちを次々に江戸に送り出しました。そのとき、必ず「送書」といって、塾生一人ひとりに手紙を書き、その人の性格や資質、長所などを伝えると同時に、生き方の心構えを説いていたそうです。


「君は何のために学問をするのかね。」

「どうも本が読めませんので、よく読めるようになりたいのです。」

すると松陰は、「学者になるのではないのだよ。人は学んだことをどう実行するかが大切なんだよ」と諭したと言います。

塾での勉強は、ただ物事を知ったり、理屈を言うだけでなく、何事も実行していくことの大切さを学ぶことでした。このように松陰は、自分の持っている知識を役立てて、今の日本の問題をどう解決するのかという生きた学問の重要性を説きました。

「万巻の書を読むにあらざるよりは　いずくんぞ千秋の人たるをえん」

（注釈：多くの本をよみ勉強しなければ、どうして名を残すような立派な人間になることができようか。しっかり勉強しなさい。）

この言葉を竹に彫り込み、松下村塾の柱にかけたといいます。

松下村塾では、歴史とか地理、算術、作文、習字といった学科を教えていました。学習方法が実にバラエテイに富んでいて、例えば講釈という時間。あるいは会読、それから順読という学習方法。それから討論、対読、看書という方法、それから対策、文字通り対策を練る、それから私業。特に、彼が重視したのはテーマ別グループによる会読なのです。順番に読み合わせをしていくのです。それから塾生と1対1で、個人教授をするという対読や課題を与えて答案を書かせて松陰自身が批評、添削する対策という学習方法がありました。さらには、孟子の書の読書をさせて、その後皆の前でプレゼンテーションをさせて批評を受ける私業。そういうバラエテイに富んだ学習指導方法が、松下村塾では行われていました。

こうした、吉田松陰の思想をまとめてみると、次のようなポイントにしぼれそうです。

①差別意識がない

すべての塾生が対等の友人関係であったといいます。塾生の身分や年齢も多彩でした。家老などの上級藩士にはじまり、下級藩士、足軽、医者、商人、さらに囚人までいたといいます。

②長所と才能を伸ばす

吉田松陰は、塾生たちの才能と長所を見抜く天才でした。松下村塾に集まった人に対しては、身分を問わず、だれにでも教育をすれば、社会に役立つ人になれるという信念の元で熱心に教育をしたのです。

③誰とでも親身に付き合う

松陰は学問を修め、影響力もありましたが、自分が偉いなどという傲慢な態度は、みじんも示していません。礼儀作法も簡略化し、形式的なことにもこだわらなかったようです。みんながお互いに助け合うようにアドバイスした彼は、まさに互助の精神を大切にした人のようです。

吉田松陰の教育は、まさに「共育」でした。塾生それぞれがともに育つ学び舎を目指したのです。さらに、身分を問わず大事にされた塾生たちは、何より自身が「認められている」ことを実感したのだと思います。

だから、松陰の周りには、人が集まったのですよね。

彼らが後の新しい世を創った礎は、松下村塾の共育力と塾生たちの高い自己承認力にあったと私は理解しました。

まさに、ヒントの山、山、山……でした。

こうして、松陰流・共育法もふんだんに取り入れ、仲間とともに約三ヶ月半をかけて500ページにおよぶテキストを仕上げました。

船井流人財育成プログラム・「人財塾」の誕生です。（現在は実施していません。）

「よう、やった！」

船井が初めて認めてくれました……。

もちろん、ここからが本当の勝負どころではありましたが、一つのことをやりきった満足感の大きかったこと……。

「やればできるじゃないか！」って。

やっと、自分を認めることができました。

「あなた」は「本当のあなた」ですか？

ある人によれば、「〝自分〟という存在自体が小宇宙であって、だからどこまでも広がりがあって、果てがない。要するに、宇宙とつながっていて……」などと言います。

それくらい、〝自分〟とは果てしないもの。

だからこそ、「わかりたい」という強い意識が育まれることも事実です。

さて、これまで自分の視点だけで「こうである」と捉えていた部分も、そこに「他者評価」という視点が加わると、より一層見方に広がりが出てくることがあるようです。

というのも、自分では短所やマイナスの特性であると考えていた部分が、実は他者からは長所やプラスの特性の一部であると評価されていることもあるからです。

要するに、長所と短所は表裏一体です。

他者評価の視点を取り入れることによって、自己に対する見方に自信が持てたり、またあなたが気づいていない「新しい自分」に出会えることもあるでしょう。あなたの周囲にいる人たちは、ある意味で、あなた以上にあなたのことをよく見ていることだってありえます。心を開くことによって、「本当のあなた」が見えてくるものなのです。

さらに、もうひとつ……。

あなたがこれまでに表現してきた「あなた」は「本当のあなた」ですか？

人間誰しも自分のことを100％さらけ出して生きているわけではありません。もちろん、誰にも知られたくない事実や触れられたくない経験はそれぞれがお持ちかもしれません。そうしたことについてまで、すべてを表現して生きている方も一部にはいらっしゃるでしょうが、それはなかなかむずかしいものと言えそうです。

さて、「ジョ・ハリの窓」はご存知かと思います。

この名称は、その考案者である Joe Luft と Harry Ingham 両者の名前からとられたものです。この考え方の基本的な枠組みは次の図のようになります。イメージとしては、この正方形全体を自分自身ととらえるということです。

この図を横から見ると、あなたにとっての側面を上下に二分した上半分は自分が知っ

ジョ・ハリの窓

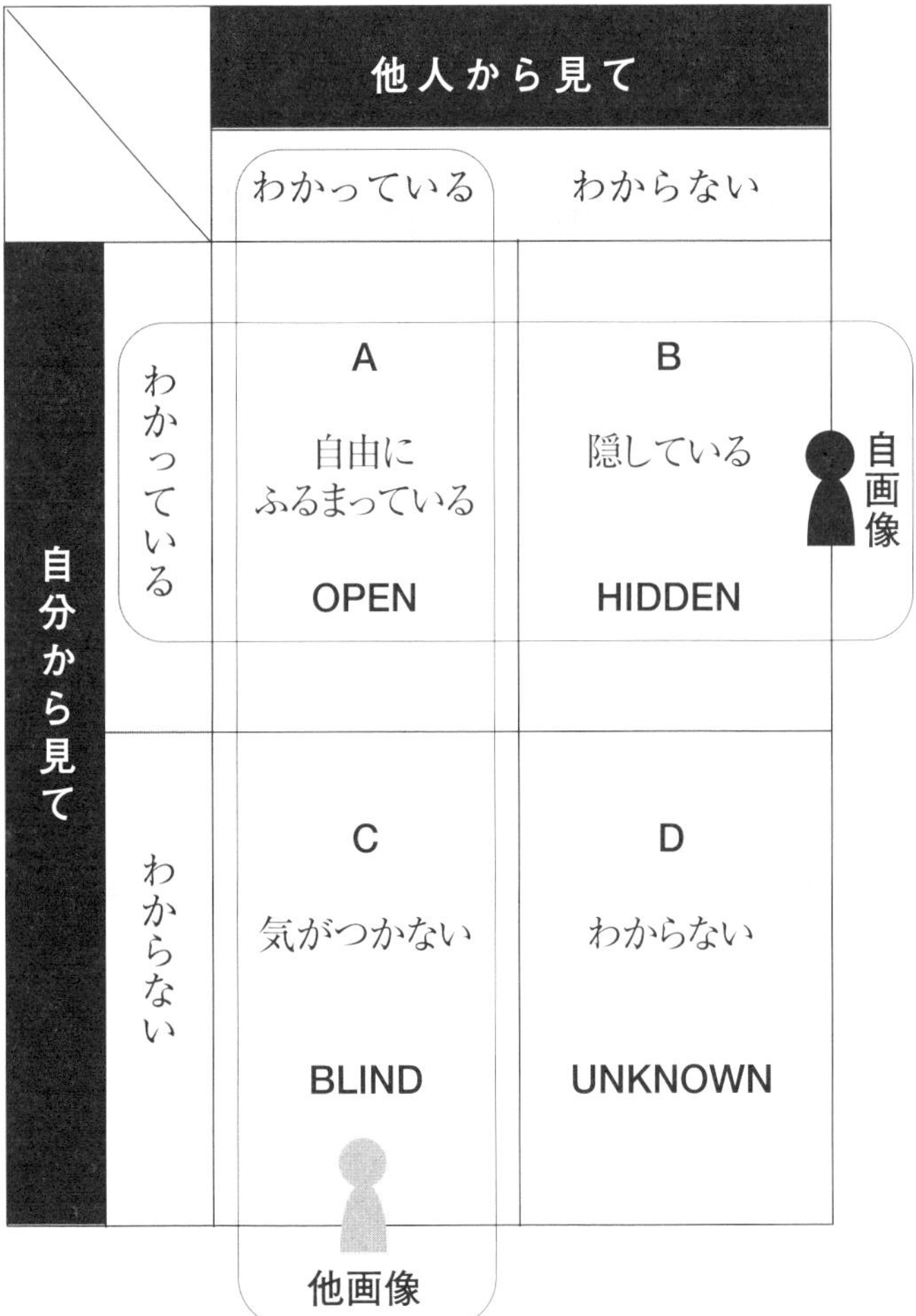
他人から見て
わかっている
わからない
自分から見て
わかっている
わからない
A
自由に
ふるまっている
OPEN
B
隠している
HIDDEN
自画像
C
気がつかない
BLIND
D
わからない
UNKNOWN
他画像

ているか、わかっている側面を示します。それに対して、下半分はあなた自身が知らないでいる、気づいていない側面を示します。同様に、この図を上から見て、左半分は他人があなたのことをわかっている側面、右半分はわからない側面を示します。

4つのブロックの意味するところを考えてみます。

〈Aブロック〉

あなた自身も他人もわかっている側面。このブロックは、まずあなた自身が自由にふるまっている行動や態度の部分です。しかも、あなた自身が意識し、わかっています。あなたが自由にふるまっているのですから、当然他人にも「あなたは〜な人だ」と理解されます。

〈Bブロック〉

あなたがわかっているところと、他人がわからないところが重なっている部分です。この部分は1つにはあなたが隠しているところとなります。あなたは意識してか、あるいは何か意図があって、何らかの価値基準を働かせながら、自分にはそういうところもあるのですが、他人には見せるのを避けているか、または隠している部分です。ですから、当然他人にはわかりません。

〈Cブロック〉

人間にとってもっとも大切なことは、この部分を「気づいていない」ことから「よくわかる」ことに変えていくことです。そもそも、あなたが気づいていないのですから、相手に対して良い影響を与えない行動や態度であるにもかかわらず、自分では相変わらずいつでも自由にふるまっています。しかも、周囲はその行動や態度を苦々しく思っているのですが、あなたは一向に気づかないわけです。

もちろん、この逆も言えます。あなたが気づいていないすばらしい点を、他人が認めてくれているという場合です。いずれにせよ、人は誰でもこのCブロックにあたる部分を持っているものなのです。

〈Dブロック〉

このブロックは、いわば「神様だけが知っている」部分と言えるでしょう。最近の精神医学の進歩や、大脳生理学の発達は、徐々にこの部分にも光を当てるようになってきましたが、この部分は基本的に「わからない」で済まさざるをえません。

この「ジョ・ハリの窓」を長所という視点でとらえたとき、Aブロックは自他ともに認める長所、Cブロックはあなたはわかっていないが、他人はあなたの長所ととらえている長所ということになります。

こうした自分という存在を立体的に捉えてはじめて、自己承認力も高まってくると考えられます。

セルフカウンセリング！　の必要性

いま、自分を見失っている人が多いように思います。

少なくとも、自分自身のかけがえのなさに気づいていない人がまだまだ多いような気がします。

それは、自分自身を見つめる心の余裕がないから……。

見つめてみる時間的余裕がないから……。

そうかもしれません。

しかも、価値観の多様化に応えるという時代的風潮のなか、どんどん気ぜわしい世の中になってきているようにも思えます。

思えば価値観や嗜好品も、限りなく多様化してきています。

そのことも手伝ってか、自分の好きなものすら、目の前に並んだ選択肢から探すことばかり強いられているようにも思えるのです。

たとえば、かつてつんくさんがプロデュースされた「モーニング娘。」。背の高い子、小柄な子、派手な子、おとなしい子、歌の上手い子、ダンスの上手な子……と、目の前に16人もの選択肢を示されたのです。

モーニング娘。のデビューから約10年。

今度はその三倍もの48人（実際には100人近くいるそうです……）を、秋元康さんはAKB48として登場させました。

ちょっと強引な見方かもしれませんが、この10年近くで、価値観がさらに三倍以上多様化したというふうに理解することができます。つまり、これくらい強烈な刺激がないと、注目されない時代に入ってしまったとも言えます。この先、まるで回転寿司のように、とめどもなく〝選択肢〟が与えられ、自分というものを直視することなく、一に選択、二に選択、三、四も選択、五に選択……みたいになってしまわないかと、勝手な心配をしています。

情報だって同じじゃないですか！

ツイッターやフェイスブック上はもちろん、ネットは有象無象の情報の山となっています。新聞だって、ニュース番組だって、もうどの情報が本当で、嘘なのかもわからなくなっています。一つの事柄に関する情報でも、出所によっては、全く見解や内容が異なっています。

では、どれを選択するのか？

いえいえ、違います。

〝選択〟という視点でものを見つめると、先ほどの回転寿司状態になってしまい、自分自身の視点というものが育たなくなってしまいます。そして、情報の山を前にして、途方に暮れる日々を送ることになりかねません。

こんなときだからこそ、「自分を知る」ことが大事なのです。

自分の周りに繰り広げられる刺激的な場面や登場人物に振り回され、いままで以上に自分を見つめる機会を閉ざされてしまっているのが現状なのです。

そう、自分自身を直視することです！

少なくとも、自分自身を見つめる時間や機会をつくることです。

私が代表を務める「ライフカラーカウンセラー（ＬＣＣ）認定協会」では、エゴグラムをベースとした50の質問に答えていただき、陰陽五行の木・火・土・金・水の５つの性質の強弱とバランスを見ることから、その人の食事傾向や人間関係、ストレス傾向、癒しのための解決法などを見てとれるカウンセリングの実践を呼びかけています。いまのところ、約２５０名のカウンセラーやトレーナーの育成を進めてきました。

このカウンセリング手法を体得していただくための講座を毎月数回実施しておりますが、この講座の大半を、「セルフカウンセリング」に割いています。

その理由は、繰り返しになりますが、私たちには、自分自身を見つめる時間や機会が少なすぎるのです。

ＬＣＣ講座で行う実践的「セルフカウンセリング」の手法は後述するとして、第一章でふれた「長所の書き出し」に加え、機会をつくって「短所の書き出し」もやってみられるとよいと思います。

ただし、短所というのは、基本的に長所を引き立たせるために与えられたものです。わざわざ反省していただくために、短所を書き出してもらうのではありません。できればその短所でさえ、「長所」的にとらえることができないか、検証してもらいたいのです。

私は、教員時代、受験時に大学に送付する調査書をたくさん書いてきました。生徒たちの一生を決めるかもしれない一大事ですから、もちろん少しでもよいことを書いてあげたくなります。しかし、ウソはいけませんよね……。

人気者だが、授業中落ち着きがなく、私語も多く、ときには授業以外のことを考えたりしてしまう生徒がいました。

しかし、このように書いてしまっては、よくない側面から見た人物像が伝わってしまい、印象はよくありません。

ですから、私は次のように書かせてもらいました。

「明るく、親しみ深い性格で、学級の中心人物であった。授業中も周囲にアンテナを張り、発言を活発化してくれる場面も多く見られた。」

いかがですか？

印象が違いますよね。

でも、これは彼の〝本当〟です。

受験前、この調査書の文章を本人に見せたとき、彼は大笑いしたあと、一言言ってくれました。

「先生、ありがとう！　オレのこと、こんな風に見てくれてたんや……。受験、頑張るな！」

自分のことは、何か機会でもないと、なかなか見つめ直すことはできませんよね。

でも、こうして短所も長所的視点で見つめ直すと、劇的に自分自身への見方が変わって来るものです。

そうすると、短所と思っていたことですら、幸せを感じる材料になる可能性が生まれてきます。

感動は何から生まれるのか？

感動は、目から生まれます。

（えっ！）

はい！　感動は目から生まれます。

拙著「頑張っているのにうまくいかない……　あなたの悩みを解決する　魔法の杖」（総合法令刊）から、少々引用します。


人と向き合うことが大切だといいながらも、いかに私たちは向き合っていないことが多いでしょうか。

それを疑似的に見いだしていくには、「相手から目をそらさず、目と目をあわせる」

という「目力《めぢから》」が大事なのです。

日本人の美徳として、「人の目をじっとみてはいけない」という感覚を持っている方が多いようですが、日常的に相手の目をみずに話すことが多い人は、「相手に対して本気になっていない」といえるのかもしれません。

相手とよい人間関係をつくろうとするとき、どのようにして信頼を育んでいきますか？

相手から目をそらしてしまう人が、相手からの信頼を得ることはむずかしいと思えてならないのです。

目は「玄関口」で「すべての情報源」です。

そういう意味では、「目は口ほどにものを言う」という言葉があるように、相手の目をみつめる習慣がついてくると、目のなかにすべての情報源があることを実感できると思います。

相手の目をじっとみると、その瞳には自分自身が映っています。それは「私がその人（相手）のなかにいる」という証しなのです。

目を通して自分の存在を知ることができるのです。


では、あなたは相手の目にどんなふうに映っているでしょうか。

さらには、相手との距離をみてみてください。

実は、その〝距離〟はあなたがいつもつくっている相手の方との壁であり、距離感なのです。

相手との距離が離れていればいるほど、それだけ壁をつくっているということになります。

相手との距離を近づけられない人。

その人はいつも人と向き合うことから逃げているのかもしれません……。


一歩、近づいてみませんか！

一歩、踏み出してみませんか！

相手の目を凝視する経験なんて、恋人同士のデートの機会などを除いて、よほどの特殊な機会がないとありませんよね。

でも、この目をみつめるセッションを初めて受けたとき、いかに自分が壁をつくっているのかに心底驚きました。

ほとんどすべての受講者といって間違いないと思いますが、皆さん驚きととまどいを表現されます。

でも、目をみることで、これまたほとんどすべての方が、自分が勝手につくっていた壁や閉じこもっていた殻に気づかれます。そして、相手の目に映る自分の目を見つけたとき、感動は頂点に達します。

「自分の目って、こんな目をしていたんだ……。」

目の前にいる相手は、自分の鏡。

このことに気づいたとき、自分と相手の見方が一変します。

自己のかけがえのなさに気づきます。
ぜひ、あなたの大事な人と、やってみられてはいかがでしょうか？
明日から、職場の仲間や、お客様も、変わって見えてきます。

偶然ではなく、すべてが役割です！

びっくりするような偶然。

降ってわいたようなチャンス。

日々、押し寄せる仕事の山。

耐えがたいと思える苦労の連続。

どれ一つとして、偶然ではない……。


どれもみな「役割」と考えて、真摯に受け止めることが、人生において必要なことと言える……。

これは、船井幸雄から徹底的に教わったことです。

人間は与えられた「使命」や「役割」を果たすために生きています。

その「使命」や「役割」を読み解く材料を、神様は「長所」という形で示してくれたのだと考えられます。

人間としての、さらには個人としての長所を伸ばし、活かすことで、その「使命」や「役割」をできるだけ単純に、効率的に果たすことができると言えそうです。

それは、ひとことで言えば、まさに、「正しく上手に生きるコツ」ということになります。

私たちは、個である前に、人間です。

では、人間としての使命や役割には、どんなものがあるのか？

人間の特性の中でも、特に長所の部分を見れば、人間のあり方や存在目的がわかってきます。このことから、「人間としての長所を伸ばし、活かすということは？」という観点から次の4点を挙げてみます。

まず、

①勉強することです。勉強とは、知らないことを知ることです。私たち人間の遺伝子に

に組み込まれたチップには、〝成長〟というミッションが描かれているように思います。ならば、勉強し、アタマを使い、アタマをよくしなければなりません。勉強すれば、自分の無知に気づくことができます。そうすると、さらに私たちは謙虚になれて、さらに学ぶエネルギーが生まれていくのです。

その次に、

②本能や感情も大事にする必要がありますが、できるだけ知性的、理性的に生きる努力をするということです。〝理性〟や〝知性〟は、おそらく人間に固有の特性なので、他の生物も持ちあわせている〝本能〟や〝感情〟などよりも優先すると考えられます。そうするうちに、人間性そのものも向上していくのではないかと考えられます。

③良心にしたがって生きることも大切です。良心とは、今の世の中では数少ない、人間が自然と一体化している部分と考えられます。つまり、良心に反するということは「自然の摂理」にも反しているということです。逆に良心に合致すれば、自然の摂理にも適っているということです。人間も自然の一員であると考えると、自然の掟にした

がうのは当然のことだと思います。また、良心に反する行為をしなければならない立場に、自分を追い込んではいけませんよね……。

さらには、

④いまのところ、よいもわるいも、人間がもっとも地球に影響を及ぼしていると考えられます。だから、その分、責任を持たねばならないと思います。できることなら、あらゆることがよい方向に生成発展していくように行動できたらと願うばかりです。

これらを前提にしながら、そこに個々それぞれの長所を活かす生き方をしていけばよいのだと思います。それが、できるだけ単純に、かつ効率的に「役割」や「使命」を果たすコツということになるようです。

それでは、個々の人間において「長所を活かす」ことを考えてみます。

基本的には人間としての長所を活かす場合とまったく同じです。

私たちの生きている意味、果たすべき「役割」や「使命」は、自身の特徴、主に長所にあらわれると考えられます。

短所と見える個々の特性は、あくまで長所を伸ばし、生きている目的、果たすべき使命や役割を成し遂げるための補助的な特徴として備えることになったもので、あまり深くつきつめる必要はないでしょう。

むしろ触れないほうがよいと思います。

ただし、〝平均点〟がとれていないことについては、やはりとれるように努力する時期が必要です。

就職して間もないころなどは、社会人としては知らないこと、できないことだらけです。それを、「短所には触れなくていいから、触れないんだ！」として決め込んでしまったら、その後の人生を、グローブやバットを持たずに野球をやるのと同じになってしまいます。

ここは、絶対に誤解をしてはいけない点だと思います。

こうした段階を前提として、長所を伸ばし、短所にはできるだけ触れずに自分を伸ばしていくのです。

短所だと思えること、苦手だと感じることは確かに気になるものですが、短所に手を出すのはよほど力がある人でない限り非効率的な作業だと教わりました。労力の割には効果も少なく、克服、改善ができたとしても、かなりの時間を費やしてしまうことにもなりかねません。

長所を伸ばすこと、活かすことを積極的に考えれば、短所と見えていたことの意味もだんだんとわかってくるものです。なぜなら、利点や長所を伸ばすと欠点や短所はカバーできるようになっているからです。つまり、短所が長所に包み込まれて、そのうち気にならなくなってくるものです。

まずは、「ここが自分の良いところだな」と思えるささやかな長所に気づくだけで充分です。

「誰にも負けていないところ」という感覚でとらえるのではなく、「よいと思えるところ」という基準から長所を見極めることが大事です。

こうして、自分の長所について考えていくと、ひとつの結論めいたことにぶつかります。

それは、あなたの〝独自固有の長所〟は人と競争しないということです。

人が他人との比較をするときに、たとえば点数や何かのものさしを使うことになりますが、自分しか持ちえないもの、つまり「オンリーワン」は他人と競争する必要がないわけです。それは、あなたがあなたであるべき特性であるわけですから、その長所を活かすことこそが、があなたの「役割」なのです。

したがって、何ひとつ偶然はありません。

すべてが、「役割」なんです。

君の一番商品は何や？

私は、商売人にはなりたくありませんでした。

なぜなら、何かを売って、お金をいただくということそのものが嫌いだったからです。

幼いころから、父の経営する小さな町工場で、いろんな場面を見てきました。

普段は温厚で、やさしい父が、激しく、大きな声で納品日や工賃の交渉をする姿を何度も目にしました。

（そんなに商売って、大変なものなのか？）

子ども心に、そう思い続けてきました。

だから、商売の道に進むつもりは毛頭なく、教師の道を歩んだのです。

二代続いた父の工場は、もうありません。

「君の〝一番商品〟は何や？」

「はあ？」

「君は自分が〝単品商品〟ということがわかっとるのか？」

「はあ……？　私は〝商品〟なんですか？？」

「君はな、お客様の前ではひとつの〝商品〟なんや。だから、君の〝商品〟としての〝売り〟は何やと聞いとるんや……。」


株式会社船井総合研究所での再スタートを切って数日目。

当時の宮内亭取締役が、あるセミナーの打合せの際に、私に問いかけた質問でした。

（まったくわからない……！）

（自分は商品じゃないし……、人だし……。）

（単品⁉　売り⁉）

（なんや、それ？）

そんな言葉が、私の頭のなかを駆けめぐっていました。

父が取引先からの注文どおりに裁断した段ボール。

一辺が二、三メートルはあると思える大きな段ボールを、三つに裁断したもの。

これが、一つの商品。

この他にも、スリットの入ったものや、折り目のついたもの、いくつかのスリット同士を組み合わせ段ボール箱の仕切りに使われるもの……。

これらも商品。


晩年、目がよく見えなかったはずの父が、裁断した段ボール。

「長さを点検してみてくれるか?」

時折、工場に呼ばれては、注文の規格に合っているかの点検をさせられました。

当時、いつも驚いたのは、寸分狂わない正確さ。

いまになって、やっとわかった気がします。

これが、父の商品。

これが、父にしかつくれない商品。

この正確さが、父の売り。

だから、商売が成り立った。

そこには、父のありったけの集中力と熟達した裁断技術のすべてが注がれていた……。

父の一番商品。

私は、きっと、こんな父を理解するために転職したのだと気づいたのです。


いや、神様が私に、必ずやりきらなくてはならない宿題を出してくれたのだと……。

私たちは、主婦であれ、学生であれ、職業人であれ、自分自身の「商品」価値を日々高めていくことを求められているのでしょうね。

それが、いつしか生きざまになる……。


人はだれでも商品とかかわって生きています。わずか1日のうちにも、おそらく何百、何千の商品とかかわって生活しているのです。ただ、案外意識しないで過ごしています。現代人の私たちは、すでに「商品なしでは生きていけない」ところまできてしまっています。いいかえれば、商品を作ろうが、運ぼうが、売ろうが、買おうが、使おうが、もう商品なしでは生きていけないというわけです。

「商品なしでは生きられない」以上、自分が売る商品とどうかかわって生きていくのか、そして自分を一つの「商品」としてどのように伝えていくのか、そしてお客様や周囲からどのように支持してもらうのか……といった、商品にかかわるテーマを追求していくのが、一つの目標。

だから、私たちにはオンリーワンが必要なんですね。

そのために、長所を磨く。

そうして、自分のなかの一番商品を見つけ、さらに磨く。

「〜なら誰々」といわれるくらいになったら、それが「一番商品」ということです。

かつて行った人財研修では、こんなことをやってもらいました。

個々それぞれに仕事の現場において経験した事例、得意なこと、好きなこと、性格的な長所、他の社員からの評価、信条としていることなど……、これらをそれぞれに対するコーチング結果からまとめあげて「自分発見」につなげました。

さらに、そこから「あなたの一番商品」として、自分自身を具体的にひとことで表現したキャッチフレーズをつくりあげてもらったのです。

たとえば、「マメで気がつくお客様一番主義営業マン」「すばやく正確な仕事で営業をサポートする当社の屋台骨経理マン」「笑顔と粘り強さで勝負する飛び込み営業No.1」など……。

まずは自身の「売り」に正面から気づいていただき、それからはこの「売り」を全面に出して仕事に励んでいただくという流れをつくったのです。

あなたの一番商品を見つけてください！

ちなみに、いま私は商売人を一生懸命やっています。

勇気と良心を磨く！

お墓参りに行くと、何やらとても清々しい気持ちになりませんか？

逆に、お盆やお彼岸のころ、どうしても行けないときなどは、何やら心がもやもやしてしまいますよね……。とくに、変更できたかもしれない用事で機会を逃してしまった場合などは、何とも晴れない心持ちになってしまいます。

このように、良心の呵責を感じるときは、実に気持ちのよくないものです。

「どうして～しなかったんだ」「どうしてあんなことをやってしまったんだ」って思っている自分を好きになんてなれないものです。

ビジネスの世界に身を置くようになってから、格段に何かの判断を求められることが多くなったような気がしました。

そのようなときの判断基準を、私は次のように教わりました。

「良心に従い、良いと思うことはすぐに行い、悪いと思うことはすぐに中止する勇気ある行動をくせづけなさい」と。

勇気というキーワードは、何か行動を起こす際の判断基準、またはひとつの行動規範ということになります。私たちの日常は、何かを判断し、決定を下すことの連続線上に成り立っているわけですから、その判断に誤りがあると正しく生きていることにはならないわけですね……。

正しく生きるために、その一瞬一瞬に正しい判断が求められるということになります。

私たちがどういう行動を取るべきかを判断する場合、

「良心に合致し」
「迷わず」
「納得でき」
「好きなこと」で
「他者に悪影響のないこと」

は、どんどん前向きにやるべきだと思います。そのためには、「しなければならないこと、した方がよいこと」の即時処理が求められます。

しかしその一方で、

「迷うこと」
「良心に反すること」
「納得できないこと」
「イヤなこと」
「他者に恨まれること」

は、できることならしない方がいいということになります。

ここで、いま一度「良心」をクローズアップしてみます。

良心というのは、その人に対する創造主（サムシング・グレート）の意向であるとも考えられます。私たちすべてが、この世に生きる役割と使命を持って生まれたとすれば、良心自体も個々それぞれに用意されたレベルがあると考えられそうです。

また、一人ひとりの良心はその人の理性の強さによって変わってくるとも言えます。よって、あなたの良心と他人の良心は、違っている可能性があります。10年前の良心といまの良心だって、違っているかもしれません。

そのとき、そのときにいかに良心に忠実に生きられるかどうか？

これって、とても大事なことなんですね。

良心は、そのとき、そのときのレベルに応じて、極めて適正な要求をしていると言えます。よって、そのときの良心が主張することは、現在の自分にとっての精一杯ベストな判断であると考えられます。

しかも、成長するためには常に一歩上を見つめていかなければなりませんから、「良心」もやはり努力次第で実現可能なレベルの判断基準でなければならないと言えるでしょう。そうだとすると、あなた自身の成長レベルが高くなるにしたがって、良心の主張は厳しくなってきます。その内容が高まって、一見実現不可能と思えることを要求されることも予想されます。

ともすれば目先の利益や安楽に流され、良心の痛みを感じながらも、誤った判断をしてしまうこともあります。

しかし、それを繰り返していてはいけません。

良心の声に注意深くなり、それに合った行動の実現に向けて努力してみるといいようです。良心の主張どおり行動することが現実的に無理ならば、次善の策を捻出してみるのもありだと思います。

次は、良心の要求どおりに行動できるようになっていることを念じながら……。

それが、人間性の成長というものだと思います。

良心は、勇気と成長の指標です。

だから、良心を育めば、自分に自信が持てるようになり、認められるようになります。

仕事の再定義で幸感力アップ

いったい何のために仕事をしているのだろう？
いったい誰のために仕事をしているのだろう？
自分の仕事って、誰かの役に立っているのだろうか？
自分の仕事って、どんな意味があるのだろうか？
こんなことで悩むのは、あなたが一生懸命に仕事に取り組んでいる証拠だと思います。

一方、多忙感に苛まれたり、予算や計画の達成に迫られたり、とにかく仕事というものに関わっている限り、いろんな責任やプレッシャーと〝戦う〟こととなります。そして、実際に〝答え〟を出してはじめて強い達成感を味わい、より一層成長していく……。
これも、大事なことです。

かつて、ある商品のCMで「24時間、戦えますか?」というキャッチコピーが用いられ、耳にタコができるくらい放送され、その年の流行語の一つとなりました。

しかし、「もう戦ってはいけない」「戦う必要はない」と思うのです。

戦う時代は終わりました。

これからは、人も、企業も、価値観も共生していく時代です。

そう思われませんか!?


戦っていた時代には、思いもつかなかった仕事や会社に対するとらえ方が、いまじわじわ広がりつつあります。

そんないま、考えたいのは、「仕事の再定義」についてです。

たとえば、パティシエを辞書的にとらえると、「洋菓子職人」となります。

これでは何とも味気ないものに見えてしまいます。

ここに、「この仕事でお客様にご提供できているモノやコトは何なのか?」「どういうことで、お客様に喜んでいただくのか?」という軸を加えてみると、見方がコロッと変わってきます。

要するに、お客様中心発想で、なおかつ生きがい中心の発想でとらえるということです。

そうすると、パティシエとは、「お菓子で人を幸せにするプロフェッショナル」ということになりませんか！　こうとらえると、多少キツくても、あれこれ悩みが多くとも、乗り切っていけるように思えてならないのです。


では、タクシードライバーという仕事について考えてみます。

タクシードライバー、ホントに大変なお仕事です。

「タクシーを運転する仕事」。これが一般的なとらえ方です。

しかし、この仕事を「お客様を安全に目的地まで運ぶその短い時間に、お客様に幸せな時間を過ごしてもらうためのサポーター」ととらえたらどうなるでしょうか!?

実際に、このようにとらえてお仕事をなさっているんだな……と感じるドライバーさんに出会ったことが何度かあります。

それは、それは、楽しそうで、素敵な笑顔の方でした。


あなたはどんなお仕事をなさっていますか？

一度、誰に対して、どのようなことで貢献して、どのようなことで喜んでいただいて、どんな幸せをおすそわけしているかという視点でとらえ直してみられるとよいと思います。

これが、仕事の再定義です。

幸感力がみなぎってくると思われませんか！

さらに、理念的なことを踏まえて、会社として取り組まれた事例があります。

昨今の経済情勢はもちろん、企業経営や店舗経営を取り巻く環境は、依然としてたいへん厳しい状況にあると言わざるを得ません。

しかし、そのなかでキラキラと光り輝き、プラス発想、前向きに社員の皆さんが一丸となって躍進されているユニークな企業も続出しているようです。たとえば、長野市を本拠とする中央タクシー株式会社などはその一例です。

中央タクシーは様々な効果を確信して、朝礼を継続実施されています。

朝礼の役割のひとつは経営理念の浸透です。文章として定められている「憲章」を毎日唱和なさっています。その際、胸に手を当てて唱和するのです。

「我々は、長野県民・新潟県民の生活にとって必要不可欠であり、さらに交通弱者・高齢者にとってなくてはならない存在になる。私たちが接することによって『生きる』勇気が湧き、『幸せ』を感じ、『親切』の素晴らしさを知ってくださる多くの方々がいらっしゃる。私たちはお客様にとって、いつまでもこのうえなく、なくてはならない人としてあり続け、この人がいてくれて本当に助かりますと、思わず涙とともに喜んでいただける。我が社はそんな人々によってのみ構成される会社です。」

いかがでしょうか⁉

思わず武者震いしてしまうくらい崇高な内容ですよね。

でも、こうしたぶれない思いと理想を持ち続けることでこそ、仕事に対するプライドが醸成され、お客様により一層喜んでいただけるサービスが生まれるのではないでしょうか。

ちなみに、この中央タクシーは、第1回船井総研グレートカンパニーアワード・社員満足賞を受賞されています。

いずれにせよ、いろんなものを先入観や前提ではなく、再定義してみること。

そうすることで、新たな幸せ感とプライドを生みだすことができるようです。

3章

幸運を呼び込む運力とツキ力《りょく》

運命が変えられる⁉

運命は変えられるのか？

この質問に対する答えは少し後にして……、「運命を変えたいと思う人？」って聞くと、多くの人が「変えたい！」って答えます。

講演会などでお聞きしても、とっても顕著な傾向と言えます。

もう一つ。

「運命は変えられると思う人？」ってお聞きすると、これまたたくさんの人の手が上がります。

これもまた、メチャクチャ興味深いと思います。

そうです。

多くの人が、「運命を変えたい」または「運命は変えられる」と思っていらっしゃるということです。

ところが、「どうもついてない！」って思うくらい自分にとってよくないことが続くとき、「何とかするぞ！」とあがけばあがくほど、またまたよくない出来事を呼び込んでしまうことってありませんか？

そう、よくないことは、伝染するんです。

こんなときどうしたらいいのか？

これまたよく言われる言葉がありますね。

「思い切って、天に預けてしまいなさい」って……。

もちろんそんなにカンタンにはいかないわけですが、あなたも一度や二度はこういうアドバイスをもらったことがあると思います。

言い方を換えれば、「力を抜く」ということになるのでしょうか。

実はこのとき、天に預けたり、力を抜いたりすることで、流れを変えているわけなんです。よくないムードや感覚を手離すことで、〝リセットボタン〟を押しているのです。

自動車のギアにも「ニュートラル」があるように、私たちの心にもニュートラルが必要です。そうでないと、いきなりバック（後退）からドライブ（前進）、ドライブからバックに切り替えてしまうと、ギアも心も壊れてしまいます。

一方、すべては波動の法則で成り立っている考えられます。

〝波〟ですから、上ると下がり、下がるとまた上ります。だから、0の位置＝ニュートラルに入れられたら、次は上昇や下降に切り替わっていくと捉えるのが自然ですよね。

ちなみに、波動には4つの性質があります。

①同じ波動は引き合う。
②異なる波動は排斥する。
③出した波動は、返ってくる。
④優位の波動は、劣位の波動をコントロールする。

ですから、よくないことが起きると、よくない波動を引き寄せます。逆に、よいことが起きると、よいことを引き寄せます。①の性質から、見事に説明がつきそうです。

こうして考えると、「シンクロニシティ」も同じと考えてよさそうです。

シンクロニシティとは、心理学者フロイトの弟子・ユングによると、「同一の、あるいは類似した意味を持つ二つ以上の因果的には関係のない出来事が同時に起こることの時間的一致」と定義されています。

たとえば、「ある人と会いたいと思っていたら、その人が前から歩いてきた」とか、「手に入れたいと思っていたものを、偶然、友人からプレゼントされた」とか。

思い描いたことが、すぐに現実となって現れる現象。

これもまた、波動の法則そのものと言えます。

一方、最近よく話題にされる「セレンディピティ」。

セレンディピティとは、「当てにしていないものを偶然手に入れる能力」のことです。

これは、好奇心のアンテナを張り巡らせていたり、偶然の足音に耳を澄ましていると、小さな偶然に共鳴する力がつき、次第にそれがうねりになって、大きな心地よいウェーブが押し寄せてくる状態です。これを私自身は、〝感動体質〟と呼んでいますが、自ら引き寄せたものを感知する力が備わっていないことには、そもそもセレンディピティが生まれることはありません。

感動体質に変えていきたいですね。

しかし、結局このように考えてきますと、ふと存在を感じてしまう〝あるもの〟があります。

それは、何か偉大なる、大きな存在……。

神様というか、サムシンググレートというか。

そうした存在を前提にすると、結局、「どんなことも、なるようになっていること」に気づくのです。決して自分よがりではない、何か大きな全体の流れのなかに、きちんと守られて存在している自分を感じてしまうのは、私だけではないはずです。

これって、とっても幸せな感覚だと思いませんか？

運命は変えられるのか？

さて、あなたの答えはいかに？

ツキの原理を知ろう

何ごとにも感謝して、「ありがとう」と口にできたらいいですよね。

ツクための原理、一つ目は「感謝すること」。

すべてのことは、必要・必然・ベストとなるように世の中では仕組みができていると言います。

ですから、「ありがとう」と何にでも言えるくせづけができれば、自分にとってよくないことは自然に起こりにくくなるように思えます。

感謝体質を目指したいです。

一方、「ツイているもの」とつきあうといいようです。

これが二つ目の原理です。

「ツキのある人とできるだけつきあいなさい」というのは、船井幸雄が15歳の頃、松下幸之助さんから教えてもらった言葉だと言います。当時松下さんが主催した高校の自治会長の会合で、「私の経験からいいますが、ツキのある人とつきあいなさい。ツイていない人間とはなるべくつきあわないほうがいいようです」という主旨のことをお話になったのだそうです。

とっても重みのある経験則ですよね！

さて、この考え方もまた、先に述べた「波動の法則」そのものです。

しかし、自分に「ツキ」がないときは、同類でないのでつきあいにくいし、知らないものが相手ですからつきあい方もむずかしい場合があります。

よって、基本的には、これは後回しと考えてよいと思います。

では、どうすればよいか？

それは、自分自身のかけがえのなさを知るためにも、自分のなかにある〝ツイているもの〟と、まずつきあうことです。

これは個人でも会社でも、何だって同じです。

全体として「ツキ」の悪いときでも、一つずつ見れば「ツキ」のよいものは多くあります。たとえば、伸びているもの、得意なもの、好きなもの、自信のあるものなどは、「ツイている」はずです。

まず、これらのものに力を注いで、それを伸ばそうというスタンスを持ちたいと思います。こういう観点に立てば、自分の周辺に「ツイているもの」はいくらでも見つかるはずです。

こうして見つけた、自分自身のツイているところ、自社のツイているところは、幸せを感じる種になります。これらを育てて、芽吹かせたとき、さらに大きな喜びや自信やプライドとなって、幸せ感を増幅させてくれます。

ツクために、自らのツイているところとつきあう。

これ、要するに、「長所伸展法」そのものです。

「長所伸展法」と「つくためのコツ」は、実は根っこが同じだったのです。

さて、次のステップとして、いよいよ「ツイているものとつきあう」ことになります。

これからはいよいよ大波乱の時代に突入するだろうというのが大方の予測でありますし、これだけ言われると、私もそのように思わざるを得ません。

しかし、だからといってマイナス発想にとりつかれていてはいけません。

こういうときだからこそ、より一層効率的で上手な生き方や経営の仕方が求められるのです。

「類は友を呼ぶ」といいますが、これは本当です。

自分がどうもツイていない、マイナス発想になってしまうと感じたとき、周りには同類のマイナス発想の集団ができあがっているはずです。

したがって、ツイている人とつきあうことが、まず大事だと思います。

「この人ツイてるな」「この人はプラス発想をする人だ」と感じる人に、笑顔で近づいてみましょう。その人の持つよい波動に共鳴し、捕らわれていたマイナスのエネルギーがよいものに変わる可能性が高くなると思われます。

ぜひ、実践してみてください、感謝しながら……。

よい！　わるい！　で捉えない

果たして、「よい」「わるい」は存在するのか？

太陽が燦々と輝いていると、「よい」天気。

大雨が降っていると、「よくない」天気。

でも、あまりの日差しのために不運にも熱中症で倒れてしまった人にとっては、「よくない」天気。

その日、どうしてもサッカーの練習に行きたくなかったサッカー少年にとっては、大雨は「よい」天気。

「よい」「わるい」は、結局、そのとき、その人の感情と捉え方にあるようです。

大病を患ったものの、治癒した人たちのお話のなかには、「治ってよかった」というコメントばかりではなく、「病気になった結果、こんないいことがあった」という内容が驚くほど多いという事実があります。

「病気になった結果、会社を辞め、自分の本当にやりたい仕事が見つかった。」

「病気になった結果、家族で過ごす時間が増え、家族関係が劇的によくなった。」

アメリカの精神腫瘍学者であり、精神社会腫瘍学・精神神経免疫学の先駆者とされ、サイモントン療法の創始者でもある、故カール・サイモントン先生は、こうした捉え方を「病気の恩恵」と呼びます。


ちょっとした風邪ひきだって、実は同じです。

超多忙な毎日で、しばらく休みもない状態で働いている。疲れきっているが、休めない……。そう、思い込んでいた。ところが、運の悪いことに、ひどい風邪をひいてしまった。自分の変わりはいない………はず。だから、何としてでも仕事に行かねば……。しかし、体が動かない……。

思わぬ風邪ひきのおかげで、この方は、仕事を休めたのです。咳や熱は苦しかったかもしれませんが、そのおかげで免疫力は上がり（風邪は免疫力を高めるチャンスという健康の専門家もいらっしゃいます）、しばしの休息をとることができました。これは、見方によっては、むしろ「よい」ことだったと認識することもできます。

こうした考え方が、「病気の恩恵」です。


でも、このように捉えてみると、同じようなことって案外たくさんありますよね？

人に対する見方だって、実はまったく同じです。

「あの人、騒がしくって、大嫌い！」

「あの人、にぎやかで、場を楽しくさせてくれて、好き！」

同じ人を見ていても、感情が入ると、見方、捉え方が変わってくるのです。


「よい」「わるい」は、自らの感情が決めていることに気づく必要があります。

そこには、自分なりの傾向や、思い込みがあります。

しかし、思い込みを手離すと、見方が変わります。

見方が変わると、とらえ方が変わります。

「よい」「わるい」ではなく、どちらもありととらえる。

そういうことです。

では、運がよい、運がよくない、ツイている、ツイていないも、見方次第。

そして、結局、先述したように、運命も波動である以上、トップのときもあれば、ボトムのときもあるのです。

プラスもマイナスも、総量は同じ。

だから、総量はゼロ。

そういうことですね。

だから、「よい」「わるい」でとらえないほうがいいのです。

そのほうが、幸せです。

月がツキを呼ぶ法則

イチロー選手の動きには、独特のリズムがあります。

悠々としていて、堂々としていて、かつ正確無比と言うか、ファンとして観ている側に不安を与えないと言うか……。

大ファンですから、穴があくほど見ているわけですが、あるとき、この私の観察は〝当たっていた〟ことがわかったのです！

それを教えてくださったのが、元ビュージック開発研究所所長である故・片岡慎介先生です。

人間の動作をビデオでひとコマずつ解析しているうちに、ある〝テンポ〟があることに先生は気づかれます。

当初は、様々な作業動作、スポーツ動作、歩行速度などに見られる共通値を偶然だと考えていたそうです。しかし、研究を重ねていかれるうち、声明、心経、数え歌、木遣りなど音楽性のものから、イチロー、タイガー・ウッズなどのスポーツ界の一流選手やベテランの職人の動きまで、長い間の経験により形成された、あるいは卓越した者だけが体得しているテンポ（＝絶対テンポ116）というものがあり、それを無意識のうちに活用していることが判明したのだと言います。

そう……、あの日は、確か薄いグリーンのジャケットを身につけられ、紫のスカーフを巻いていらっしゃったと記憶しています。

それはそれは優しいお声で、丁寧に、きめ細かく、いろんなことを教えてくださいました。お話していて、こんなに気持ちよく癒されることに、心底驚いていました。片岡先生ご自身のお話のテンポが、この〝絶対テンポ116〟であったのですから当然と言えば当然です。

そして、そのときにもっとも興味深かったのが、「テンポ116は、月のテンポ」というお話でした。

そもそも人間の体内時計は、24・8時間にセットされています。

そう……、月の一日と一緒、つまり月のテンポは、テンポ116であるということになります。

片岡先生はこのことに気づかれてから、どんどん月に魅了されていったのだそうです。

月とツキと身体の関係……。

実は、身体の部位を示す漢字は、ほとんどニクヅキで示されます。

それ以外にも日常生活に欠かすことができない事柄を表わすとき、月がつく漢字で示されていることが目立ちます。

そこから、片岡先生は、「月がツキを呼ぶ法則十カ条」を月のつく漢字に沿ってまとめられました。

以下、同先生の著書「ツキを呼ぶ魔法の音楽　絶対テンポ116」（ビジネス社刊）から引用します。

「明」　一、明確な目標を持つ人は「ツキ」を呼ぶ。

明確な目標を掲げ、その目標に向かっていると「ツキ」を呼びます。

「育」　**二、イメージを育てる人は「ツキ」を呼ぶ。**

明確な目標をイメージし、そのイメージをふくらましていると「ツキ」を呼びます。

「肩」　**三、肩の力が抜けている人は「ツキ」を呼ぶ。**

力んでいては自分の能力を発揮することができません。肩の力を抜いてリラックスしていると「ツキ」を呼びます。

「望」　**四、希望を持つ人は「ツキ」を呼ぶ。**

何でも諦めずに可能性を求めている人は「ツキ」を呼びます。

「肯」　**五、肯定的な人は「ツキ」を呼ぶ。**

何でも否定論から入る人はどうしても魅力を感じません。人を引き付け、可能性を求めて努力する人は「ツキ」を呼びます。

「朗」　**六、朗らかな人は「ツキ」を呼ぶ。**

過去を振り返り、いつもクヨクヨして嘆き悲しんでいる人は「ツキ」が近寄ってきません。

「有」　**七、有難うと、心から言える人は「ツキ」を呼ぶ。**

すべてのものに心から感謝できる人は「ツキ」を呼びます。

「清」　八、清楚な生活をしている人は「ツキ」を呼ぶ。

いつも部屋を清潔にして整理・整頓に心がけ、身だしなみも清楚にしている人は「ツキ」を呼びます。

「朋」　九、朋友を持つ人は「ツキ」を呼ぶ。

人間は一人では生きていけません。楽しいとき、苦しいとき、朋友の存在で人生は一変します。どんなときでも朋友の存在を通して「ツキ」を呼びます。

「能」　十、能筆は「ツキ」を呼ぶ。

心のこもった文章で自分の思いを素直に伝えられる手紙を書き続けることは「ツキ」を呼びます。

片岡先生によれば、願望実現が花や果実だとすると、「ツキ」はそれらの栄養素だとたとえていらっしゃいます。

ということは、これらの十カ条は「ツキ」の種です。

心にどんどん栄養素を与えてあげられるよう、まず種まきをせっせとやりませんか？

この種まきこそが、人生を楽しく、幸せに生きるコツとなります。


「それじゃあ、また後でね。」

「うん。また後で！」

これが、片岡由季さんとお父様である片岡先生との最後の会話だったそうです。

検査と手術をするために転院された病院でのやりとりです。


その10日後、片岡先生は突然、大好きな月へと還っていかれました。

２０１０年からこの意志と音楽を継がれた由季さんは、まさにこの「ツキの十カ条」を一つずつ実践されていらっしゃるようにお見受けします。

そのせいか、いつもキラキラ輝いていらっしゃいます。

この「ツキの十カ条」、あなたにもぜひおススメします！

私も、継続していきますね！

4章

心を意識すると幸せが見えてくる

良いストレスと悪いストレス

ストレス社会と言われて久しい今日この頃。

ストレス、ストレス、ストレス……と、この言葉を聞かない一日がないくらい、ストレスが蔓延した世の中です。

ともすれば、このストレスという大敵に押しつぶされそうになることも……。

だから、受け止め方が大事なんだと思います。

受け止め方によって、以前はストレスだと感じていたことでも、そうだと感じなくなることだってあるからです。

そういう意味で、これからの時代は、ますますメンタルトレーニングの必要性が高まっているように思えてなりません。

ところで、ストレスって、実はよいストレスと悪いストレスがあることは、案外意識されていないように思います。

いわゆるストレスとは、過労や人間関係のもつれ、不安など、自分の身体や心が苦しくなったり、嫌な気分になったり、やる気をなくしてしまったりするような刺激とその状態を指します。

これがよくないストレスです。


こうしたよくないストレスが強くなったり、長引いたりすると、身体に大きな影響を与えることとなります。

たまってくると、免疫機能というメカニズムのなかで、重要な働きをする細胞の働きが低下します。

たとえば、ＮＫ（ナチュラルキラー）細胞、キラーＴ細胞と呼ばれる、腫瘍化した細胞やウィルスを退治したり、排除する能力を持ったリンパ球などが働きにくくなり、結果として病気にかかりやすくなったりします。

こうしたストレスが原因となって、精神疾患により医療機関にかかっている患者数は、近年大幅に増加しています。

２００２年の厚生労働省の患者調査で総患者者数２２８万人であったのが、２００８年には３２３万人と、約１００万人増加しています。

内訳としては、多いものから、うつ病、統合失調症、不安障害などとなっており、近年においては、うつ病や認知症などの著しい増加がみられます。

平成22年の自殺者数は３１、６９０人で、平成21年に比べると１、１５５人のマイナスとなっています。しかし、自殺志願者や未遂者を含めた潜在的な数はまだまだ増加傾向にあるとされています。

しかも、40代までの死因の一位は、自殺です。

これも衝撃な事実です。

社会的、経済的状況もあるのですが、統計的に見ると自殺理由として約半数の１５、８０２人が「健康問題」をあげています。

そういう意味では、次章で触れる健康力のアップも極めて重要な課題と言えます。

一方、ストレスにもメンタル面でプラスになるものもあります。

目標、夢、スポーツ、よい人間関係（ライバル）など、自分を奮い立たせてくれたり、元気にしてくれたりする刺激やそうした状態。

これは、むしろプラスになるわけで、こうしたよいストレスがないと、人生は豊かにならないとも言えます。

本章では、幸感力を高め、日々の生活に潤いや力を与えてくれるものとして、メンタルトレーニングの必要性とその活用可能性に触れてみたいと思います。

そのポイントとなるのは、「思いの力」。


とくに、プラス発想力はとても大事です。

そしてもう一つは、思いの外にあるアプローチでメンタルを整える方法論。

もとはスポーツ分野でよく活用されてきたもののいくつかをご紹介します。

それでは、ココロと脳の世界へ、ようこそ!!

いま一度！　プラス発想のチカラ

「プラス発想はよくない！」
時折、こういう見解を目にしたり、耳にしたりします。
では、マイナス発想がよいのかというと、もちろんそんなわけはありません。
中庸!?
おそらく、プラス発想反対派の見解は、こういうことだと思うのです。
私が学んできた船井流のプラス発想は、どちらかというとこれにとっても近いです。
というか、まったくそのものと言ってもよいかもしれません。
この前提に立って、〝プラス発想〟のお話をしていきますね。
伸びる人、成功する人は、間違いなくプラス発想型人間です。

プラス発想をすると、ものごとが自然にプラスの方向に展開していくからだと考えられます。

アメリカの哲学者、心理学者であるジョセフ・マーフィの理論を一言で要約すると、次のようになります。

「よいと思えばよいことが起こり、悪いと思えば悪いことが起こる。だから、よいことを思おう」。

ロシアの文豪トルストイも、次のような文章を書いていました。

トルストイが自転車に乗り始めた頃の話です。彼がペダルをこいでいくと、前方に石が転がっているのが目に入ってきました。彼は、なんとかしてそれを避けようと、その石をにらみながら、懸命にハンドルを握っていました。ところが、その石を見つめれば見つめるほど、自転車はそのほうへ近づいていき、とうとう彼は、石にぶつかって転んでしまったというお話です。

トルストイのこの文章は、ものごとのマイナス要因ばかり気にしていると、結局そのとおりになってしまう、だからそんなことは気にせず、もっと楽天的に生きよ、という一つの教訓を含んでいると考えられます。

どうやら私たちの身に起こることは、必要、必然であると考えたほうが人生を明るく、前向きに生きられるように思います。

ですから、それをベストにするべく、努力する必要があります。

その努力とは何か？


ズバリ！　学び、気づくことです！

あなたが知らないこと、びっくりしたこと、不本意に思えること……。あらゆることを必要、必然だと思えるためには、素直に事実を受け止め、受け入れ、できることならば「なぜそうなのか？」を考えてみたいと思います。

受け入れるのに、メチャクチャ時間と労力がかかってしまう事象もあるでしょう。

そうした場合は、要するにそういう課題が与えられたと理解したほうがよいかもしれません。

時間と労力をかけることに、マイナス発想する必要はありませんから。

事実、私は父の死を長らく受け入れることができませんでした。

受け止めるのに数年かかりました。

受け止めて初めて、受け入れる段階に入れます。

いまだにすべてを受け入れ、理解できたわけではありません。

しかし、私は父との思い出を一生懸命思い出し、一つひとつ反芻するなかで、教師からビジネスマン、そして経営者になった自分の人生の〝理由〟を少しずつ理解することができてきたように思います。

はっきり言えるのは、いまも父は私のなかに生きているということです。

弱い、弱い一個の人間として、一生見守ってくれている優しい存在がいることに気づけたのです。

「父ならば、どんな判断をしただろうか？」

そう自分の胸に問うことで、判断の精度を高めてくれていると、いつも感じています。

このように受け止め、受け入れようとするプロセスのなかで、マイナスに向かっていた私の心は〝ニュートラル〟（＝ゼロの位置）に入り、そこから前を向いて歩もうというエネルギーをもらえたのでした。

はい！　これがプラス発想です。

ですから、私のなかでは、プラス発想＝受け止め、受け入れるチカラととらえているのです。

では、このプラス発想の考え方に則って、幸せに生きる３カ条について考えてみたいと思います。

①過去を肯定する。
②現在を前向きに生きる。
③未来に夢を持つ。

最終的に①②を包み込んで、未来に大きな夢を持つということに収束していくと思われます。

とにかく、全部肯定するのです。

未来を明るく描き、そこに実現可能な夢を設定します。

そうすることで、つらい過去も、苦しい現在も、未来の光に照らされ明るく色づきはじめます。未来を希望的に描くには、未来を知ることが必要です。つまり、この先どうなっていくのかをよく勉強して知ろうとすることが大事なのです。

知らないことを知ることが、不安を取り除き未来に夢を持つコツと言えそうです。

日々の生活や仕事に疲れるのもやむを得ないことではありますが、目先のことだけでなく、5年、10年先の目標を決めて勉強に励めば、必ずや「希望」が見えてくるものです。

そうして描いた希望は、間違いなくあなたの光となってくれるはずです。

プラス発想は、あなたに希望を授けてくれる光です。

平常心と集中の持続です

はい、目をつぶってください。

鼻から息を吸います。
このとき、お腹が膨らんできますね。
1・2・3・4……。
息を止めます。酸素が身体全体に行きわたるイメージをしながら……。
1・2・3・4……。
はい、息を吐きます。お腹が凹んできます。細く、長～く、吐いてください。
1・2・3・4・5・6・7・8……。

繰り返しますね。

鼻から息を吸います。

1・2・3・4……。

・・・・・・・

こうして2~3分間、腹式呼吸を繰り返します。

そのあと、「残像メンタルトレーニングカード」、通称「一点集中カード」を約1分ほど凝視してもらいます。

そして、目をつぶります。

すると……、あっとびっくり。

集中カードの残像が、まぶたの裏にうつっています。

その残像を見えなくなるまで、見つづけるのです。

当時、私が指導していた中学、高校のテニスチームでこの手法を導入しました。

何しろ、当時、あのクルム・伊達公子さんを育てられた小浦武志先生から紹介されたあるセミナーで学んだのですから。

繰り返し、繰り返し、毎日来る日も来る日もこのトレーニングを続けました。

もちろん、試合の日も、朝一番にチーム全員で呼吸トレーニングし、一点集中トレーニングを行います。その成果は着実に出ました。

「絶対に勝てない！」との前評判？　を、見事に覆した試合がたくさんありました。

本当にびっくりの連続でした。

このカードの開発者は、高岸弘先生とおっしゃいます。

高岸先生は、〝建築家〟です。

ある夜、グラフィックデザインをされていた際、色付けしたその図形を凝視し、目をつぶった途端にくっきりと残像が残ることに気づかれたのです。

その後は、何とも気持ちよく、リラックスしているのに、とても仕事がはかどったのだそうです。

そこから、このカードの開発に着手されたとか……。

そして、1990年、「残像現象」を活用した独自のスポーツメンタルトレーニング技法を、現日本テニス協会GM小浦武志先生と共同開発され、プロテニス、高校野球、プロゴルフ…等で実績を上げ、現在スポーツ、学習、ビジネス界での啓蒙をはかり、その普及のため、出版、セミナー活動を続けていらっしゃいます。

この「残像メンタルトレーニングカード」で得られるのが、「平常心（リラックス）」と「集中の持続」という、スポーツ選手なら誰もが同時に求めたいメンタルの状態です。本当に重宝しました。

もちろん、現在もこの方法論は活用させてもらっています。

ところが……、またまたものすごい技術に出会ってしまいました！

それは、〝香り〟の技術です。

この一点集中トレーニングで得られるメンタルの状態を、香りで実現するシステム。

そもそも、私は香りが大好きで、エッセンシャルオイルやお香を、普段から活用しています。もっとも、こうした香りから得られる領域は、おおよそリラックス状態のみ。

リラックスと集中を同時に獲得できるものは、それまで存在しなかったのです。

香りが高める幸感力

その香りを開発されたのは、株式会社フットテクノ社長の藤田稔さんです。フットテクノ社といえば、世界トップメーカーとの取引を次々と実現され、日本の靴素材メーカーの存在を広く知らしめた会社として有名です。

藤田さんのあくなき本物への探究心と卓越した行動力が、集中とリラックスを同時に体現できる香りの開発につながったと言えます。

少し、藤田さんのストーリーをご紹介します。

藤田さんは、同社を昭和62年5月創業されました。

ほどなく米国デュポン社を訪問されます。ここで、のちのちまで主力商品となる靴の機能裏地素材と出会われます。これは、摩耗強度に優れ、わずか0・5秒で生地の自重の350%を吸水し、常温4時間で乾燥する素材でした。

さらに平成元年、出光石油化学と共同して、透湿防水素材・プロテインテックスを開発。これを装着した靴は、雨天時も雨水の侵入を抑え、足のムレを吸放湿して靴の内部を快適にしてくれます。

この翌年、SATRA（財団法人として世界最大の靴関連総合研究所）の日本唯一の素材供給会社の会員となられ、靴素材に関しては他の追随を許さないポジションを固めていかれます。

続いて、ゴルフシューズの世界のトップメーカーであるフット・ジョイ社に5年間通いつめた結果、取引にこぎつけられました。

この取引が意味するのは、「世界的に有名なゴルフ選手は皆、フットテクノ社の供給素材のシューズを履いている」ということなのです。さらにこれがきっかけとなり、超軽量の新素材がナイキ社に導入され、続いてアディダス社、リーボック社、国内ではミズノ社、アシックス社などとの取引をどんどん実現されていかれたのです。

藤田さんは独自に「走り」の研究もしていらっしゃいました。

そこで出会ったのが、「ランナーズハイ」という状態。

この状態に入ると、ランナーの脳からは α 波が出て集中力が高まり、ドーパミンや β - エンドルフィンという脳内ホルモンが出て、まるで飛ぶように走れるというのです。

「じっとしていても、このすばらしい状態が作れないだろうか?」

そのためにどんな刺激が必要なのかを調べていかれました。

ほどなく、〝嗅覚刺激〟にそのカギがあることを発見。そこで、アロマテラピーの勉強を始め、徹底的に研究をされました。しかし……、残念ながらここには「リラックスと同時に集中力を高める香り」というものは存在しませんでした。


ここであきらめないのが藤田さんです。

逆に、「皆に効果が出る、集中力が高まる香りを作る」ことをご自身の夢とされ、模索が始まりました。

その過程で出会われたのが、九州大学医学部で心身医学という考え方を広められた池見酉次郎博士でした。池見博士からは、「瞑想の香りを作ったらどうか」というヒントをいただきます。

そこで、瞑想に関する研究を進め、「人間の7つのエネルギーポイント（チャクラ）」に着実に反応する香りを作ろうと決めたのです。

その後、東洋医学の先生や香りのブレンドの専門家などの門をたたき、様々な知識を結集して、8年がかりで完成させた香り。そこには、東洋の沈香《じんこう》や白檀の香りに、西洋のラベンダーなど世界各国から集めた100種類以上の天然植物エッセンスがブレンドされることになったのです。

こうした一連のストーリーをお聞きするにあたり、藤田さんは本当に幸感力に満ちた方だと思いました。これほどまでの驚くべき行動力と探究心は、幸感力のベースがないと生まれないからです。

さて、この香りのおもしろいところは、

第1チャクラ（仙骨）には「初（はじまり）」、

第2（腸）は「中（あたり）」、

第3（胃）は「雅（みやび）」、
第4（心臓）は「希（のぞみ）」、
第5（喉）は「響（ひびき）」、
第6（眉間）は「輝（かがやき）」、
第7（頭頂）は「宙（そら）」

と対応していて、すべてを調和し心と体のバランスをとる香りとして8番、さらには集中力を高め、能力を存分に発揮する香りである9番とラインアップされています。

まるでゴルフのクラブのように用途、目的によって、またはその日の気分によって、楽しみながら使い分けることができます。

その香りを手のひらでこすり合わせ、吸香しながら、目をつぶる。

それを数回繰り返すことで、見事にリラックスと集中が同時に実現できます。

呼吸法、瞑想と香りをドッキングさせることによって、瞑想効果を高め、普通なら30分以上もかかる瞑想の効果を数分で実現できるシステムと言えます。なぜなら、人間の五感のなかで、嗅覚だけが本能の脳と呼ばれる大脳辺縁系にダイレクトに作用するメカニズムがあるからだそうです。

ゆっくりと座禅を組んで、瞑想を一時間……。

こういう時間的余裕があれば、もちろんそちらもおススメします。

しかし、忙しい現代人にとって、こうした新しい幸感力アップの手法は、どんどんチャレンジしてみる価値があると私は思います。

夢はあなたと未来を照らす！

「一隅《いちぐう》を照らす。」

これは、延暦寺の開祖、伝教大師最澄の教えを一言で集約した言葉です。

教えが一言で集約できるからこそ、誰にもわかりやすいし、天台宗を開いた最澄は偉大なる教育者であるとも言えます。

なぜなら、延暦寺は、日本仏教の諸宗派の開祖が数多く学んだ寺だと言われているからです。曹洞宗の道元、臨済宗の栄西、浄土宗の法然、浄土真宗の親鸞、日蓮宗の日蓮などは、その代表例です。

枝葉末節の教義には反発することもあり、結果として山を降り、新派を開いた彼らも、根本教義である「一隅を照らす」については深く傾倒していたと考えられます。

「径寸《けいすん》十枚これ国宝に非ず、一隅を照らすこれ則ち国宝なり」。

これが、正確な教義にある表現です。

径寸とは金銀財宝のこと。

一隅とは、隅っこにある自分自身が置かれた小さな場所を指します。

つまり、その小さな場所で精一杯努力して、明るく輝き、人の役に立つ人こそ国の宝だ、と説いているのです。


そして、とてもおもしろいことに、そのような人財を養成することが、〝教育機関〟でもある延暦寺の目的だと規定していると考えられます。

私は、この世の最大の光は、私たち自身だと考えています。

私たちそれぞれが、未来を明るく照らす光です。

そのことを、最澄の教えのなかに見出せたこと自体、実はメチャクチャ感動したのです。

「皆で、この世を明るく照らそう！」

そういうことですよね！

さて、そんな私たちをさらに輝かせてくれるのが、「夢」というものの存在です。

本章で、メンタルトレーニングや癒しの手法について、いくつかお伝えしてきましたが、そうしたベースづくりがあり、さらにそれにエンジンをかけてくれるのが、夢だと思うのです。

でも、実際問題、夢などなくても生きていけます。

「夢など持てない……。」

そんなため息にも似た言葉が、どこからともなく聞こえてきそうな気もします。

もちろん、夢が持てるからよし、持てなければよくないというものでもありません。

先ほど、教育機関としての延暦寺の機能について少々触れましたが、日本でも子どもたちの夢の実現に向けて、必死に取り組まれる学校が増えてきたように思います。

品川女子学院の漆紫穂子校長は、学園の教育目標を次のように設定されています。

「私たちは世界をこころに、能動的に人生を創る日本女性の教養を高め、才能を伸ばし、夢を育てます。」

教育目標に、「夢」という文字が明確に使われています。

さらに、この学園では、学校を卒業してから10年後、つまり28歳になった自分がどうであるかに焦点を当てた教育を実践していらっしゃいます。

そこに含めた思いは次のとおりです。

「未来を見すえることから、私たちは今日を語り始めます。もっと女性が活躍し、もっと世界と結ばれる未来へ。28歳は、学んだことを社会に還元できるようになる頃でもあり、出産年齢にリミットがある女性にとっては人生のライフ・ワークバランスを考える時期でもあります。このときに一生涯を視野に、しっかりとした足取りで未来に向かう人に育っていってほしい。そのため、自ら進路を選択し、自ら目標を設定できるようになる進路指導を実践します。また、多くの人と協力して夢を実現できるようになるために、コミュニケーション能力を育成していきます。」

大人が「夢」を語らなくなったいま、こうして学校教育の現場で「夢」に対して真剣に取り組もうとする大人たちの姿は、まさに希望の光だと、私はとらえています。

ワタミ株式会社の創業者である渡邉美樹先生が理事長を務める郁文館夢学園も、「夢」

に真正面からアプローチし、「夢教育」を実践されている素晴らしい学園です。

「郁文館夢学園は一人ひとりの子どもたちの幸せのためだけにある」

これが、教育目標です。

渡邉先生は、さらにこう続けます。

私はこう考えます。

「人にとって『夢』がなぜ必要なのでしょう。

大きな夢を持ち、その夢に日付を入れ、日々の夢の実現に向けて努力を続ける。そのプロセスの中で、たくさんの〝ありがとう〟を集め、人として成長していくことに幸せがあると信じています。だからこそ、中学・高校時代に夢を持たせ、夢を追わせ、夢の第一段階を叶えさせてあげたいのです。郁文館夢学園の夢教育は夢を持ち、ワクワクしながら社会や大学へ巣立っていくために組み立てられています。」

これからの時代、このお二人の素晴らしい教育者のように、夢を語る大人が増え、夢に向けて真剣に取り組もうとする大人が増えることを、私は夢見ています。

そうなれば、子どもたちも目をキラキラ輝かせて、夢を語り、夢に向けて真正面から取り組もうとしてくれるだろうからです。
夢を持たなかったときよりも、夢を持つともっと楽しい明日をむかえられるようになると思います。

遠足の前日、楽しみで、楽しみで、眠りつけなかったあの頃のように……。
夢を持つと、いろんなものの見方が変わります。
色あせて見えたものに、サッと彩りが差してくるように……。
そうすると、きっとあなた自身もさらに輝きます。
夢のまわりには、笑顔が集まります。
あなたは、まわりの人をもっと照らすことのできる輝きになります。

「夢を持つ」って、決めてみませんか？
「夢をあきらめない」って、決めてみませんか？
これ、最高のココロの特効薬になると、私は思います。

5章

食が新たな幸せを育む

食で育む！　幸感力

食の乱れはこころに影響を与えるか？

こころの問題から食が乱れるか？

これ、両方とも正解です。

食とこころの問題は、次のようなサイクルで、密接な関係があります。

食の乱れ→免疫力低下→ストレス耐性低下→こころの問題→食生活の乱れ→こころの栄養不足→過度なストレス→ストレス耐性低下→こころの問題
では、身体のなかでこころの働きにもっとも関与している器官は何か？

それは、脳です。


栄養不足によって、脳の正常な機能が低下します。

そうすると、思考や感情、それに伴う行動に変化があらわれます。

したがって、正しく、十分な栄養素が身体とこころをより良い状態に導いてくれることは自明です。


朝一番に、缶コーヒーをぐびっと一杯！

近年、朝ごはんを、缶コーヒー一本で済ましてしまう若者が増えているとか……。

20代、30台のビジネスパーソンの３人に１人が、会社で朝食を摂り、73％がコンビニを活用しています。しかも、朝、仕事前に缶コーヒーを飲む人は、何と、80％を超えるとか!!

食育インストラクターの私としては、ちょっとお小言の一つや二つ言ってしまいそうです。

糖分を摂ると、血糖値が上昇すると、正常値に戻そうとして膵臓からインスリンが分泌されます。このメカニズムによって、血糖値が下がります。

ちなみに、菓子類や清涼飲料水に使用される糖分は、身体に吸収されやすい低分子の糖分＝少糖類が多いのです。

ですから、血糖値の急上昇と急降下が起こってしまいます。

要するに、血糖値のジェットコースター状態です。

これで、身体にいいわけがありません。

こうして「食原性の低血糖症」が起こります。

昨今問題になっている、突然キレる、朝ボーっとしている、イライラする、無気力感などの〝症状〟は、こうした血糖値のジェットコースター状態が継続的に起こり、次第にコントロールできなくなって、低血糖症を誘発し、その結果これらのメンタル面でのマイナス方向への変化が生まれるのです。

低血糖になると、脳がエネルギー不足になり、一時的に〝緊急回避スイッチ〟が押されます。

そうして分泌されるのがアドレナリンです。

アドレナリンは、体内に蓄積されている糖分を血液中に出して、正常な血糖値に戻すよう指示を出すのです。

しかし、アドレナリンが出ると、気分が高揚したり、攻撃的になったり、無性に甘いものが食べたくなったりします。別名、攻撃ホルモン、恐怖のホルモンなどと言われるのは、このためです。

とはいえ、脳の唯一のエネルギーはブドウ糖のみ。

しかも、脳はどの臓器よりもエネルギーを消費すると言われています。

脳を使えば、使うほど、ブドウ糖の消費量も多くなるということです。

したがって、摂るべき砂糖の目安を持っていた方がよいと思います。

第6次改定日本人の栄養所要量食事摂取基準によると、砂糖をそのまま食品として摂る場合は一日5グラム。

砂糖とは別に、菓子類として摂る目安料としては、一日20～30グラムが適切とされています。

実は甘いもの好きの私にとっては、ちょっとキツイなって思いますが……。

というわけで、食は決してバカにはできません！
私たちの身体は、私たちが食べたものからつくられているわけですから。
食について、もう少し意識を高く持ちたいなって思います。

幸感力を高めて、幸せに生きるためには、食と身体、そして食とメンタルの関連性は、決してほおっておけない大事なポイントです。

健・幸になる食べ方

私たちの身体は、私たちの食べるものからつくられています。

お肌も骨も筋肉も、ココロも、そして活動のエネルギーも、全部、ぜ〜んぶ食べたものからつくられます。

でも、ご存じのように、いま安心、安全な食べ物は少なくなってきています。

お野菜だって、ミネラルや虫のいないスカスカの土から生まれるわけです。中身がスカスカなのは言うまでもないことです。

しかも、化学肥料に農薬……。

〝有機〟という言葉に騙されてはいけません！

ここでは専門的なことは述べませんが、要するに有機といえども〝使ってよいと定められている農薬〟は使われているのです。

だから、食べる側の私たちが、きちんと選択できる目を持つことが必要です。

そして、できたらホッキ貝を超高温で焼成した天然の除菌剤などでデトックスして食べられることをぜひともおススメします。

食べ物にもデトックスが必要です。

さらに……、
いままでどんな食事をしてきたのか？＝食履歴
ここからは、いまの体質や、症状、体格などの由来がわかります。
いま、どんな食事をしているか？＝食習慣
ここからは、食生活の問題点や改善点が見えてきます。
ぜひ、食にいま以上の注意を払ってほしいのです。

ところで、いまアメリカでもっとも注目されている「食」ってどのようなものだと思われますか？

その答えに入る前に、アメリカの食事情豆知識を少々……。

1970年代アメリカ、ガンや心臓病をはじめ、多くの病気が増加傾向にありました。このままではアメリカは「病気で滅んでしまう」と危機感に満ち満ちていたのです。

そこで、アメリカ上院栄養問題特別委員会において、世界的規模の調査、研究を実施しました。その結果、1977年「食事（栄養）と健康・慢性疾患」についての5、000ページにも及ぶ膨大なレポートが発表されました。

これを「マクガバンレポート」と言います。

そこに記載されていたのは、驚きの内容でした。

「諸々の慢性病は、肉食中心の誤った食生活がもたらしたわけで、これを解決するにはすぐさま食事の内容を改善する必要がある」との指摘。

ちなみに、その方法は以下のとおりです。

肉、乳製品、卵といった動物性食品を減らし、できるだけ精製しない穀物や野菜、果物を多く摂るということです。

これって、アメリカ的な食事の全否定だと思われませんか？

さらに驚くのは、もっとも理想的な食事は、「元禄時代以前の日本人の食事」だと明記されていたことです。

なぜ元禄時代以前かというと、この時代に精米技術が発達し、白米を食べるようになったのです。その結果、「江戸わずらい」＝脚気が流行したとも言われています……。

一汁一菜。

ご飯とみそ汁、野菜の煮物や魚介類、あとは漬物、佃煮、煮豆類。

何ともヘルシーですよね。

身土不二。

自給自足で、それぞれの土地で採れる食材を口にする。

これからは、もう一度こういう時代に逆戻りしていく必要があるように思います。

まさに、〝温故知新〟です。

ところが、いざ自分たちの食生活を振り返ってみると……。

少なくとも日本的ではありません……よね。

お肉たっぷり、こってり脂肪の乳製品、油やバターをたっぷり、つまりおかずが中心の欧米食。

これって、本当は日本人の私たちには合わないはずなんです。

アメリカも日本にならおうとしているいま、日本人である私たちが基本を見失っていてはいけないと思いませんか!!

和食です、和食！


そして、もう一つ。

最近発表された驚きの事実があります。

アメリカではもうずいぶん前から研究されていたというアンチエイジングについてのレポートに、その答えがあります。

サーチュイン遺伝子をオンにすること。

そうすると、身体の〝発電所〟でもあるミトコンドリアの老化と減少を抑え、免疫細胞の暴走（自分の細胞を傷つけること）を防ぐことができるのだそうです。

カロリー制限というと、あまり聞こえは良くないかもしれませんが、食べ過ぎを防ぎ、昔から言われているように〝腹八分目〟を実践することです。

そういえば、長寿の方の多くが、「健康の決め手は少食」だとおっしゃるのをよく聞いたことがあります。

できれば、七分目くらいがベストだそうですが……。

健幸な食べ方を実践しましょう。

心も健幸になります。

ボディメイクで幸感力が上がる

早食いは、太る……。

なんて言われます。

これが科学的に正しいかどうかは別として、早食いは胃や腸に大きな負担をかけていることは事実です。

早食いだと、食べ物を十分に噛めていません。

十分に噛めていないと、実は胃や腸が消化の準備ができないまま、送りこまれることになってしまいします。

どんなに身体にいいものを食べたとしても、それがきちんと身体のなかに取り込まれないと意味がありません。

食べたものをきちんと吸収できる身体をつくることが、何より大事だと言えます。

では、一体どこからが〝消化活動〟なのでしょうか？

実はもう、見た瞬間から、香りを嗅いだ瞬間から、料理をしている間の音（たとえばゴトゴト煮える音やジューっと焼ける音）などを聞いた瞬間から、もう消化活動は始まっているのだそうです。

梅干しを食べると、唾液がじわっと出ますよね。

できたら、このときにご飯とともに百回くらい噛んでみてください。

この間に、「そろそろそっちに行くよ！」って信号が送られることになるんです。そして、体内では消化器官が活動を始め、消化液の分泌が活発化します。

だから、食べる間に、ぐっとこらえて、「おいしそう！」「早く食べたい」って感じることも大事です。

食生活や食べ方がよくないと、基礎代謝が落ちます。

基礎代謝が落ちると、少食でも体脂肪がなかなか落ちなくなってしまいます。

ダイエット志向が強い昨今ですが、それよりも食生活と食べ方を改善することで、「自分自身がなりたい健康的で美しいカラダ」を目指していった方が、楽しいと思います。

ダイエットって、どうも暗いイメージがあるんですよね。

必ず、「～してはいけない」「～を食べてはいけない」とか、マイナスイメージがつきまといます。

ならば、積極的、前向きに、〝ボディメイク〟という発想で取り組みたいと、私は思ったのです。


実は、私もかつて〝メタボ〟でした。

「メタボですね！」

健康診断でこの言葉を看護師さんから聞いたとき、それはそれはショックでした。

そこで一念発起しました。

〝ボディメイク〟に取り組もうと……。

当時、私の体重は約80kg。

ＢＭＩは26。（25以上が肥満といわれています）＊ＢＭＩ＝体重（kg）÷身長（m）÷身長（m）

身長が170cmを切りますから、これは衝撃的な数字と言えます。

そこから取り組んだのは、いままで述べてきた食事の改善、そして代謝を上げることの二方向からのアプローチでした。


代謝を上げるためには、筋肉量を増やす必要があります。

といっても、筋肉ムキムキを目指したわけではありません。

筋肉には「赤筋」と「白筋」があって、いわゆるムキムキの方は、白筋を鍛えた結果だと言ってよいでしょう。

しかし、体脂肪を燃やす効果は、赤筋が白筋の二倍以上。

だから、赤筋を増やせば基礎代謝が上がるのです。


そこで、ちょっとしたトレーニングが必要となります。

一つは、レジスタンス運動。

いわゆるダンベル体操などがこれにあたります。負荷は小さく、動きはゆっくり、呼吸をしながら行うことがポイントです。

そしてもう一つが、アイソメトリクス運動。

これは、たとえば胸の前で手のひらどうしを合わせて押しつける動作を継続するなど、筋肉に力を入れた姿勢を保持する運動です。大きな呼吸とともに実践します。

本当は、ここに有酸素運動（ウォーキングなど）を加えるとなおよいのですが、私はそこまではできませんでした……。

それでも、あれから約二年。

いまは、少しサボり気味でやや体重も増加しましたが、それでも〝全盛時〟の約10kg減はキープしています。

ウエスト周りも、92cmあったのが10cm以上ダウンしました。

こうして、私の心のなかにどのような変化が起きたかというと……。

「自信が持てた」のです。

「できた！」って感覚ですね。

それまではけなかったスリムなパンツにも挑戦できるようになりました。

ＬサイズがＭサイズになり、細身のカッコいいシャツを着られるようになりました。

何でもそうですが、新しいこと、できなかったことにチャレンジできる素地があるって幸せですよね。

そう、ボディメイクに取り組むと、幸感力が上がるのです。

食事と運動。

本章では、ちょっと違った方向から、幸せを考えてみました。

ライフカラー！　で食の傾向を知る

〝ライフカラー〟という言葉を聞かれたことがありますか？

実は、私が主宰する「ライフカラーカウンセリング認定協会」で認定したカウンセリング手法のなかで使う言葉です。

人それぞれにはかけがえのない個性があります。それをカラーにたとえてみました。さらに、そのそれぞれの色合いを大事にし、人生（ライフ）にさらに彩りを加えていただけるようにと願いをこめて名づけました。

いま、全国に約250名のトレーナーとカウンセラーがいらっしゃいます。

「ライフカラーカウンセリング」とは、簡単に言うと、西洋の心理分析手法である「エゴグラム」と東洋の「陰陽五行論」を組み合わせたものです。

ライフカラーチェッカーという50の質問に答えてもらい、それを5つの項目に分類して集計し、五角形のグラフに点数を記入していきます。

カウンセラーは、そのグラフをもとにカウンセリングを実施します。

このグラフは、「自分を知るものさし」と言ってよいと思います。

ご興味がおありの方は、ぜひ拙著「頑張っているのにうまくいかない……あなたの悩みを解決する魔法の杖」（総合法令刊）をご参照ください。


私は、教員時代にカウンセリングとの出会いがあり、実際に現場でカウンセリング手法を用いながら生徒さんとおつき合いさせてもらいました。

実際、私の教師としての姿勢にも劇的な変化がありました。

カウンセリングには、大きな二つの基本ルールがあります。

一つは、「傾聴」。

もう一つは、「共感」でした。

「話す」「伝える」が商売であったわけですが、そこに「（真摯に、全身全霊で）聴く」という姿勢が加わったのは、結果として大きな武器となりました。

基本的には、相手が話してくれることがすべての情報です。

もちろん、所作や表情などからも、状況を読んでいくのですが、まだ力量の足りなかった私は、「読み違え」をしてしまったカウンセリングもありました。

私が、この「ライフカラーカウンセリング」の手法に出会ったとき、まさに目からウロコだったのです。

しかも、ここには〝食傾向〟と〝気をつけたい病気〟（の可能性）、さらには改善のポイントが明確に示されます。

本書では50の質問には触れませんが、簡易的に大きな傾向が読み取れるメンタルストレスチェックをやっていただこうと思います。

質問1：次の質問に直感でお答えください。はい○＝2点、どちらとも言えない△＝1点、いいえ×＝0点で点数をつけてください。

①色々なことを分析する方ですか？　（　　＝　　点）
②理屈っぽいとよく言われますか？　（　　＝　　点）
③新しいものが出るとすぐに買ってしまう方ですか？　（　　＝　　点）

④自分が好きですか？　（　　　＝　　点）
⑤お節介やきの方ですか？　（　　　＝　　点）
⑥動物を飼ったり、お花を育てたりすることは好きですか？　（　　　＝　　点）
⑦自分は頑固だと思いますか？　（　　　＝　　点）
⑧忍耐力はある方ですか？　（　　　＝　　点）
⑨人の目が気になりますか？　（　　　＝　　点）
⑩人の意見に合わせるほうですか？　（　　　＝　　点）

質問2：次のうち、一番多く摂っていると思われる味を直感でお答えください。

酸味　・　苦味　・　甘味　・　辛味　・　塩辛い味

質問3：緑・赤・黄・白・黒の5色のうち、直感で次の質問にお答えください。

一番好きな色は（　　　　）

では、採点しましょう。

質問1の採点：①＋②＝（　　　）点→木性の点数へ
③＋④＝（　　　）点→火性の点数へ
⑤＋⑥＝（　　　）点→土性の点数へ
⑦＋⑧＝（　　　）点→金性の点数へ
⑨＋⑩＝（　　　）点→水性の点数へ

質問2の採点　酸味　→木性に3点加算
苦味　→火性に3点加算
甘味　→土性に3点加算
辛味　→金性に3点加算
塩辛味→水性に3点加算

質問3の採点　緑→木性に3点加算
赤→火性に3点加算
黄→土性に3点加算
白→金性に3点加算
黒→水性に3点加算

採点表

木性の合計点（　　　点）
火性の合計点（　　　点）
土性の合計点（　　　点）
金性の合計点（　　　点）
水性の合計点（　　　点）

このそれぞれの点数を次の五角形のグラフに記入していきます。グラフのいびつさなどは一切よい、悪いには関係ありませんので、気にする必要はありません。

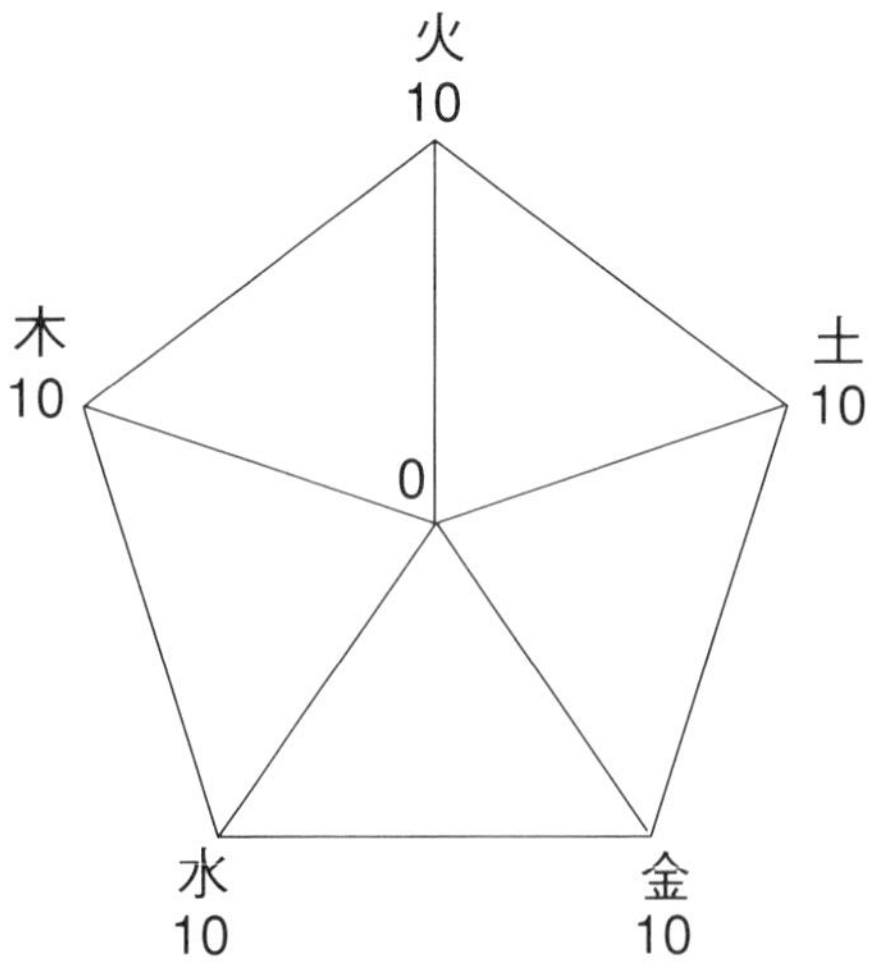

さて、それぞれの傾向を説明します。

木性の高い方：この数字が高い方はとても社会性に富んでいて、常に物事を理解するように頭を働かせている方です。このストレスで、お酒におぼれやすくなり、肝臓病や胆石などの病気にかかりやすくなるので、緑や青の食べ物や酸っぱいものを摂取されるといいです。

火性の高い方：この数字が高い方は、常に何かに夢中になるような無邪気なかわいらしい性格。少々わがままが出ることもあるが、必要以上に抑えられると、心臓病や腸の病気にかかりやすい傾向があります。ビールや炭酸を好む傾向があるので、辛いものや赤い食べ物を摂取するといいです。ただし、赤くても、肉類は控えた方がベターです。

土性の高い方：この数字が高い方は、とても世話好きで常に人のために動き続ける愛情深い方。ただ、感謝の言葉がもらえないとストレスがたまり、甘い食べ物に走ってしまい、糖尿病や感染症にかかりやすくなります。砂糖はできるだけ少量にし甘い食べ物や黄色い食べ物で補いたいです。

金性の高い方：この数字が高い方は、とても頑固でルールや時間に厳しいです。また何事にも忍耐強いため、そのストレスでピリ辛い料理を好む傾向があります。ヘビースモーカーになりやすいです。肺や大腸にストレスがかかるので、ピリ辛い食べ物、白い食べ物で補いたいです。

水性の高い方：この数字の高い方は、非常に周りの方に気を使うタイプで、いつも良い人を演じている傾向が高いです。これがストレスとなり、塩辛いものを好みます。腎臓病や婦人病にかかる傾向があるので、同じ塩辛くても精製塩はやめ、塩辛い食べ物、黒い食べ物で補いたいです。

食と健康、食とメンタルの関係性は、このライフカラーカウンセリングの観点からも、非常に高いと言わざるを得ません。

ぜひ、あなたも今日から行動を変えてみられませんか！

心が変われば行動が変わる。
行動が変われば習慣が変わる。
習慣が変われば人格が変わる。
人格が変われば運命が変わる。
運命が変われば人生が変わる。

よく言われる言葉ですよね。
でも、まったくそのとおりだなって痛感します。

6章

エヴァ力《りょく》が幸感力を加速させる

エゴからエヴァへ

「私のことが嫌い人な方もいると思います。私のことは嫌いでもＡＫＢのことは嫌いにならないでください！」

これ、ＡＫＢ48の２０１１年選抜総選挙で第一位になった前田敦子さんが、涙でくちゃくちゃになりながら、絞り出すような声でファンに語りかけたメッセージです。

はい！

これ、エヴァです。

いろいろ〝大人〟は言いますが、私はこの言葉を真正面から受け止めました。

高校生の長男と中学生の長女と、「あの言葉、よかったね！」って話していました。

エゴという言葉は有名です。

エゴはいまもあちこちにうずまいています。

エヴァという言葉はあまり知られていません。

エヴァは、少しずつ広がってきました。

でも、まだまだこの世の中はエゴだらけと言ってよいでしょう。


このエヴァという言葉と概念は、もともとは足立育郎氏が「波動の法則～宇宙からのメッセージ」（ＰＨＰ研究所刊）などで発表されたものです。

そこから、船井幸雄が著書「エゴからエヴァへ」（１９９５年ＰＨＰ研究所刊）で、これからの新しい時代の生き方や概念として紹介しました。

あれから約20年のときを経て、とりわけあの「３・１１」以降、私たちは助け合い、支え合い、わかり合い、絆を深めあわなければ生きていけないことを思い知らされ、心の底から共生時代の到来を確信することとなりました。

もうそこに「エヴァの時代」が幕を開けようとしているのです。

「エゴ」とは、集合意識が「対立、競争」をベースにしている社会のことを指し、それに対して「エヴァ」とは集合意識が「愛、調和、互恵」をベースにしている社会のことを指します。

日本では、どうやら明治以来、この「旧来の考え方」が貫かれてきたようです。

この旧来の考え方というのは、

「エゴが一番大事」、
「目先だけがよければいい」、
「人間がいちばん大事」、
「お金がいちばん大事」、
「競争はベストであり、策略は使うべし」、
「人の足をひっぱってもいい」

というものでした。

これに対して、新しい価値観として現れた潮流は、

「競争はできればやめる」、
「目先のことより将来を追う」

といった考え方です。

これを、「エゴ」に対立する価値観や考え方として「エヴァ」と名づけられたのです。

エゴの社会というのは「利害の衝突」の連続でした。

20世紀において企業が統合を目指してきたのは、少々乱暴な言い方をすれば、自分たちのエゴを最大限に満たすための手段であったという見方もあります。

これに対して自然は、「慈愛」の心で融合し、一つになっていきます。

結局、行き着くところは「慈愛」の心だと、私は再三再四教えられてきたように思います。

これから、私たちはますますエゴの考えを改めていかなければなりません。

……というか、もう「エゴ」では生きられない時代になってきています。

そうです。

「エゴ」から「エヴァ」（慈愛）へ、私たちそれぞれが変化していくときです。

「エヴァ」の時代への入り口は、すでに開かれたと言ってよいでしょう。

「子どもたちが変わった！」

親や学校の先生方はもちろんのこと、子どもたちと関わる多くの方々が口をそろえて言っておられるような気がします。

そう……、子どもたちは変わりました。

これには、時代背景も多く関与しています。


たとえば、子どもたちは辞書を使わなくなりました。それは電子辞書の普及も大きく関わっていますし、ネットやPCリテラシーの向上も大きく関係しています。すぐに答えが出るものは、電子辞書やネットを使って検索をかけて、どんどん答えを出していくのです。

〝辞書派〟の大半の大人は、それを見て、「なげかわしい」「辞書をきっちり使いこなせないと！」と眉をひそめる場面があることでしょう。もちろん、当初私もまったくそうでした。しかし、しかし、別の観点から見つめると、子どもたちを含め、若い世代の人たちは素晴らしい価値感をもった存在へと大きく変化してきていることに気づきます。

新卒者採用試験でのこと。

「あなたの将来の夢は何ですか？」
「はい、世界平和です！」
「あなた自身のことですよ。」
「はい、私自身の夢がこれです。」

こういうやりとりが、実に数名の学生さんたちと行われました。ビックリ仰天の出来事でした。

そんな学生さんたちのなかから採用を決めた二名は、興味深いことにいずれも「世界平和派」。つまり、「エヴァ型人間」でした。しかも、その彼らはいま、ほぼ即戦力として仕事をバリバリこなしてくれています。

「みんなで考えましょう！」

「助け合いましょう！」

「〜のためになることをしましょう！」

「〜すると、…さんが喜んでくれますよ！」


こんな言葉を、彼らを含め、若い人たちからよく耳にします。

スゴイ！

若い人たちは、もうすでにエヴァ的感覚を身につけているのです。

これからともに「エゴ」の着ぐるみを脱ぎ去って、「エヴァ」にチェンジしていきませんか！

そのほうが、楽しく、幸せな生き方ができると思えてならないのです。

笑顔スイッチ、なかよしスイッチ

「経営上、もっとも大事にしていることは何ですか?」と聞かれると、以前は小難しい言葉を使って答えていたように思います。

ずいぶん、いい格好をしていたんだと思います。

いまでは、はっきりこう答えます。

「なかよしです。そう、仲良くやることです。」

これを聞いた相手の方は、決まって不思議そうなお顔をしています。

どうして不思議なんでしょうね?

私には、実はそのことが理解できません。

人は一人きりでは、幸せを実感できないものです。

他者との関係性があってこそ、幸せを感じることができる、または増幅させることができます。しかし、他者との関係こそが最大のストレスという人も少なくないのが、現実でもあります。

悩ましいところですね……。

しかし、これだけは人のせいにはできません。

自分から変わること、自ら行動を起こすことです。

結局、これしかないと思います。

まず挨拶をする、話しかける、お礼をいう、「素敵ですね」って誉める……。

こうすることで、〝なかよしスイッチ〟が入ります。

人は自分を好きだと思ってくれる人を好きになる傾向があります。こちらから「好きですよ」ってサインを出せば、自然とまわりに幸感力が育まれます。

そんなとき、もう一つ大事なスイッチがあります。

それは、〝笑顔スイッチ〟です。

笑顔は自分だけでなく、周囲も幸せにしてしまう力を持っています。


またまた子どもからの学びです。

わが家には、長男、長女の下に、三歳の次男坊がいます。

ある日の朝のこと。

むくっと起き上がった彼は、開口一番、満面の笑顔で、「今日もよく寝たね！　気持ちいいね！」って、私たち夫婦に言ったのです。

「今日も楽しいね！」って、まるで今日という一日を予測するかのごとく、言葉をつなげていきます。

実は、これ、一度や二度のことではありません。

〝人生いろいろ〟っていいますが、マイナスにとらえていますと、人生のベース自体がマイナスになってしまいます。

彼から学べたことは、朝一番の「スイッチ」の押し方一つで、その一日が変わるんだということ。そして、まわりの関係性自体もよくしてしまう力を持っているということでした。

朝一番の〝笑顔スイッチ〟。
試す価値ありです。
そんなわけで、まずなかよしスイッチを入れること。
そして、笑顔スイッチをその前に押すこと。

二つのスイッチ。
職場でもご家庭でも、仲間内でも、ぜひお試しください。
ホントに劇的に人間関係が変化しますよ。

4つの言葉、「ホ・オポノポノ」

ありがとう。(Thank you.)
ごめんなさい。(I'm sorry.)
許してください。(Please forgive me.)
愛しています。(I love you.)

本当に不思議なのですが、この4つの言葉を唱えていると、場が鎮まるというか、収まるというか……、ちょっとエキサイトしそうな場面で使うと効果テキメンです。

この4つの言葉を唱えることで、潜在意識をクリーニングできるというのです。

不思議ですが、「まずは、そうかなって思って実行してみる」と、案外いいことがあるものなんです。

ホント、不思議です。

あなたもいかがですか⁉

とはいえ、何のことやらわからずじまいではいけませんので、ちょっとお話しますね。


この4つの言葉、「ホ・オポノポノ」って言います。

ハワイに伝わる伝統的な癒しの秘法です。

かつて、ハワイ州立病院のなかには、刑法に触れる罪を犯しているにもかかわらず、精神障害があるという理由で不起訴あるいは無罪になった人を収容する病棟がありました。

そこの職員も自分の身に危害が加えられるので、戦々恐々としていたそうです。

そこに赴任してきたのが、心理学者のイハレアカラ・ヒューレン博士でした。

結局、博士は一度も患者を診ることなく、ただカルテに目をとおし、「ありがとう」「ごめんなさい」「許してください」「愛しています」という言葉を何度も何度も繰り返しているうちに、患者を次々と治していかれたのです。

いまでは、この病棟には患者がいなくなったので、閉鎖されてしまったと聞いていいます。

いったいこの期間に、何が起きたのでしょうか？

イハレアカラ・ヒューレン博士の著書「ハワイに伝わる癒しの秘宝　みんなが幸せになるホ・オポノポノ」（徳間書店刊）に、これを解くカギがありますので、少々引用させていただきます。

ハワイ語で、「ホ・オポノポノ」の「ホ・オ」は「目標」を、「ポノポノ」は「完璧」を意味します。すなわち、ホ・オポノポノとは完璧を目標として「修正すること」「誤りを正すこと」という意味になります。

私たちの潜在意識は、宇宙が創生されてからのすべての記憶にアクセスして、瞬間瞬間膨大な記憶を立ち上げています。私たちが認識しているのは顕在意識ですが、その100万倍の記憶が1秒間のうちに潜在意識の中で立ち上がっているのです。

その中の病気や事故、挫折、不幸など、過去のいまわしい記憶が、私たちの人生に反映されて不幸なことを引き起こしているのです。

いま、悩みや不幸を抱えていたり、経済的に恵まれなかったりしているのは、過去の記憶のせいなのです。

モナ*は、そういった潜在意識の中で毎秒立ち上がる過去の記憶を消去し、神聖なる知能と一体化する方法を示しました。これにより、過去の記憶に惑わされることなく、神聖なる知能からのインスピレーションを受け、人間本来のあるべき生き方ができるようになります。

すなわち、自分自身であることを取り戻すことができるのです。

潜在意識の中に記憶が詰まっていると、神聖なる知能からのインスピレーションが降りてきません。潜在意識の中の記憶を消去するためには、潜在意識の中の記憶をクリーニングしつづけなければなりません。

すべての原因は自分の潜在意識の中にあると考え、その記憶に感謝して慈しみ、そして消去するのです。

こうしてクリーニングすることによって、あるべきことが自然に起きるようになって、次の展開が開けてきます。

＊モナ＝ハワイの人間州宝となられた伝統医療のスペシャリスト、故モナ・ナラマタ・シメオナ

そして、自分がクリーニングしてクリアになれば、ほかの人たちみんなもクリアになって、物事が先に動いていくことになるようです。

そしてまた、その先にクリーニングすべきことが待っていて、それをまたクリーニングする……。

これが、ヒューレン博士の言う「すべてのことに責任を持つ」ということなんです。とてつもなく大きなエヴァです。

もし世界を癒したかったら、自分を愛し、自分の人生を癒すしかないと、博士はおっしゃいます。

自分を愛し、自分を癒すことによって、自分が変化したとき、世界も変化している。

そういうことです。

はじめて「ホ・オポノポノ」のことを知ったとき、「すべてのことに責任を持つ」という言葉がとても重く心にのしかかったことを記憶しています。

しかし、それに続いて、これは究極の自己を癒す方法であり、なおかつ自分のまわりの人たちをも同時に癒せる方法であることも知りました。

帰宅して、その夜、ほんの少しだけやってみました。

すると、翌日、4つの言葉を投げかけた人との関係が、いきなり変化していることに気づいたのです。そのときはただただびっくりしたというのが正直なところで、実はその後は3日坊主で終わってしまっていたのです。

ところが、また、ふとしたことから「ホ・オポノポノ」について学び始めることになります。

そして、ちょうどその日、船井から「この本を読んでみるといい」と、何とヒューレン博士の「みんなが幸せになるホ・オポノポノ」をいただいたのです。

この偶然というか、共時性に心底びっくりしました。

やはり、すべてはつながっているのでしょうか!?


ありがとう。

ごめんなさい。

許してください。

愛しています。

競争時代を超え、共生時代へ

かつて、〝平等教育〟ということで、教育が大混乱した時代がありました。

運動会での一場面。

「手をつないでゴール！」

差がついてはいけない、平等でなければいけないという理由で実施された、驚くべき実践でした。

ホントにナンセンスでした。

「速く走れる」のがよいこと。

「走るのが遅い」のはよくないこと。

要するに、こういう前提を押しつけていたわけです。

そう思われませんか？

これこそ、競争時代が生みだした膿。

走るのが速い子も、勉強ができる子も、背の高い子も、背の低い子も、ぜ〜んぶ「個性」です。「個性を束ねてしまってどうするんですか!!」と、当時思い切り憤慨していたことを記憶しています。

これから目指す共生時代こそ、本当の意味で個性を大事にする時代に入っていくのだと楽しみにしています。個性を大事にするから、仲間や周囲の人たちを大事にできるのです。

その前提があってこそ、輪が生まれ、和が育まれていくのだと思います。

大学時代、私は軟式野球に興じていました。

三回生のとき、何と、大学対抗リーグ戦で優勝したのです。しかも全勝で！

負けそうな試合もいくつかありました。

一番綱渡りだったのは、初回表に5点を奪われた試合。

「これはやばい！」

チーム全体に強い緊張感が走りました。おまけに、この5点は私のエラーがきっかけでした。

「佐野ちゃん、エラーはおまえの持ち味や！　俺たちが打って返したる！」

サードから、そんな声が聞こえてきました。

何と、それが事実となったのです。

その裏の攻撃で何と5点を返し、同点としました。

「これはいける！」

チームに活気が戻りました。

ところが、そこからは両チームともゼロ行進。

そして最終回。

突然エースが崩れ、痛恨の5失点。このとき誰もが、「負けた……」と思っていました。

ところが、ところが……です！

はじめの1点を返した瞬間、それまでの連勝と、初回の5点が記憶に蘇ります。そうです。〝最高〟のイメージが蘇ったということです。そして、実はそのときベンチもナインも同じことを考えていたのです。

「勝てるかも！」

まさにチーム内で起きた強力なシナジー効果。

そして、完ぺきなフロー状態。

その裏、打者一巡の猛攻で5点をもぎとり……、そして6点目……。

最高に劇的なサヨナラ勝ちでした！

「ほら、返したったやろ！」

最高に幸せな状態でした。


自分を軸に、家族や組織やチームでこんな状態が起きたらすごいですよね。

ある一瞬の〝何か〟によってスイッチが入り、それが周囲に認知され、シナジーとなることがある……。

それを、「シナジーコンシャス」というのだそうです。


株式会社船井総合研究所の小山政彦会長に教えていただきました。

本当に腑に落ちたので、あなたにぜひお伝えしたいと思ったのです。

仲間ってスゴイ！
仲間であり、信頼があるからこそ、入れられるスイッチがあるんです。
それが、シナジーコンシャスのスイッチ。
これからは、みんなで伸びる時代。
みんなで手を組む時代。
ともに歩む時代。

絆、助け合い、分かち合い、結束、強さ、勇気、慎ましさ、誇り、そして、愛、
希望、夢…。

大事にしなければいけないことがいっぱいあります。
これからともに新しい時代を創っていきましょう。
これからの幸せの価値観を創りつつ…。

「つながる」「分ける」「助け合う」「思い合う」「大切にする」「感謝する」

これが、来るべき共生の時代のテーマ。

あえて言うなら、幸感力時代の大きなテーマとなります。

最後に、あなたが幸感力で包まれ、あなたが、あなたが自ら選んだ一番幸せな人生を生きていることに気づいていただければ、筆者としてこれほど幸せなことはありません。

あとがき

本書をお読みくださり、ありがとうございました。

この奇跡とも言えるあなたとの出会いに、心から感謝の思いをお伝えします。


本書は私の５冊目の本となります。

本当に夢みたいなお話です。

こうして自分の書いた文章たちが本となり、多くの方々が手に取ってくださり、お読みいただけること自体、夢です。

それ以外の形容が見当たりません。

心から御礼を申し上げたいと思います。

ありがとうございました！

さて、まだまだ世の中全体が、ザワザワ、ギスギスしています。

これからは、みんなが手をつないで生きていく時代のはずですが、どうもまだ「戦っている」人が多い気がしてなりません。

これは、国も企業も人も同じです。


でも、「戦う」ことに使うエネルギーってとってもムダですよね。しかもものすごい〝浪費〟です。そのもっとも残念で、悲しいものが、いまだこの地球上からなくならない争いごとや戦争です。

戦争は、悲しい現実しか残してきませんでした。

この事実は疑うべくもありません。

それなのに、この地球から一向になくなろうとしないのは、なぜでしょうか？

独りよがりの幸せを求めてきた代償……、ではありませんか？

「いま」だけ、「自分」だけ、「お金」だけを追求してきた、代償……です。

争いごとには、敵と味方が存在します。

では、どうして敵は生まれるのでしょうか？

そもそも、旧来の「もっと、もっと」という価値観が、ときには相手を許せなく思い、それが募り、争いごとを生んできたのだと考えられませんか？

本書で触れてきたように、「いま、ここにある」幸せに気づけば、気づくほど、私たちは「許せる」ようになります。

争わなくてよいと気づきます。

競わなくてよいと気づきます。

たくさん持たなくてよいことに気づきます。

あるものを分ければよいことに気づきます。

だから、許せるようになります。

というか……、そもそも「許す」という発想自体が意識されなくなることに気づくようになります。

幸せを考えることは、結局こういうことだと私は思っています。

私たちそれぞれが、自分自身のかけがえのなさに気づき、自分自身を大事にできるこ
とこそが幸せです。

そして、そういう幸せに気づいた人は、周囲を幸せで満たすことができるようになり
ます。

そして、心は感謝で満たされるようになります。

それが地球上に広がっていくと……、私たちはもっともっと幸せになれますよね！

そんな未来を一緒に創っていきましょう！

本書を執筆するにあたり、コラムニストであり「プチ紳士を探せ！」運動代表の志賀
内泰弘さんには本当にお世話になりました。心から感謝申し上げます。

また、ごま書房新社の池田雅行さん、大熊賢太郎さんには、校了まで様々なアドバイ

スと応援を頂戴しました。ありがとうございました。

また、「書かせていただけること自体に感謝しなきゃね」といつも笑顔で応援してくれる妻・ゆかりにも、ここで「ありがとう」を伝えたいと思います。

そして、いま一度、読者の皆さんに心から御礼を申し上げます。

本書が、あなたの「幸せの処方箋」となることを祈っております。

2011年10月吉日

佐野浩一

＜参考文献＞

『エゴからエヴァへ』船井幸雄（PHP研究所）
『船井幸雄の人財塾』船井幸雄（サンマーク出版）
『幸せに生きるための法則』小山政彦（創英社　三省堂書店）
『経営者の運力』天外伺朗（講談社）
『笑いの免疫学』船瀬俊介（花伝社）
『スイッチ・オンの生き方』村上和雄（致知出版社）
『夢のスイッチ』渡邉美樹（あさ出版）
『感動3.0　自分らしさのつくり方』平野秀典（日本経済新聞出版社）
『感動力』平野秀典（サンマーク出版）
『涙の数だけ大きくなれる』木下晴弘（フォレスト出版）
『人生が180度変わる　幸せの法則』木下晴弘（総合法令出版）
『神様、ママを見つけたよ！』船井ゆかり（グラフ社）
『ツキを呼ぶ魔法の音楽　絶対テンポ116』片岡慎介（ビジネス社）
『やっぱりこれで運がよくなった』浅見帆帆子（廣済堂出版）
『ゆるすということ』
ジェラルド・G・ジャンポルスキー（サンマーク出版）
『みんなが幸せになる　ホ・オポノポノ』
イハレアカラ・ヒューレン（徳間書店）
『サイモントン療法』川畑伸子（同文舘出版）
『どんどん儲かる「笑顔」のしくみ』門川義彦（ダイヤモンド社）
『一流の集中力』豊田一成（ソフトバンククリエイティブ）
『空海「折れない心」をつくる言葉』池口恵観（三笠書房）
『なぜ、「これ」は健康にいいのか？』小林弘幸（サンマーク出版）
『アセンションチケット』はづき虹映（サンクチュアリ出版）
『社員が誇れる会社を作る』岩崎剛幸（秀和システム）
『あなたの悩みを解決する　魔法の杖』佐野浩一（総合法令出版）

<著者プロフィール>

佐野　浩一（さの　こういち）

株式会社本物研究所 代表取締役社長
ライフカラーカウンセラー認定協会 代表

1964年大阪府生まれ。関西学院大学法学部政治学科卒業後、13年間兵庫県の私立中高一貫教育校の英語教員として従事。2001年に（株）船井事務所入社。（株）船井総合研究所に出向。船井幸雄の直轄プロジェクトチームである会長特命室に配属。船井氏がルール化した「人づくり法」「人間学」の直伝を受け、人づくり研修（主に企業幹部候補向け）「人財塾」として体系化、その主幹を務めた。

2003年4月、船井幸雄グループ・（株）本物研究所を設立し、代表取締役に就任。商品の「本物」、技術の「本物」、生き方、人づくりの「本物」を研究、開発し、広く啓蒙、普及活動を行う。また、2008年にはライフカラーカウンセラー認定協会を立ち上げ、代表として普及活動を行っている。プライベートでは船井幸雄氏の娘婿であり、2男1女の父。

著書に『あなたの悩みを解決する魔法の杖』（総合法令出版）『ズバリ船井流 人を育てる自分を育てる』（ナナ・コーポレート・コミュニケーション）、『私だけに教えてくれた船井幸雄のすべて』（成甲書房）、船井幸雄との共著『本物の法則』（ビジネス社）がある。

■株式会社本物研究所ホームページ
http://www.honmono-ken.com
■ライフカラーカウンセラー協会ホームページ
http://lcchonmono.com/index.html
■著者ホームページ（佐野浩一.com）
http://www.honmono-ken.com/koichi/

あなたにとって一番の幸せに気づく
幸感力

著　者	佐野　浩一
発行者	池田　雅行
発行所	株式会社 ごま書房新社 〒101―0031 東京都千代田区東神田2―1―8 ハニー東神田ビル5F TEL 03―3865―8641（代） FAX 03―3865―8643
帯写真協力	にんげんクラブ　泉　浩樹
デザイン・DTP	田中　敏子（ビーイング）
印刷・製本	倉敷印刷株式会社

ISBN978-4-341-08494-3　C0034